「人が辞めない」病院をつくる

スゴイ人事考課制度

盛 牧生
MORI MAKIO

幻冬舎 MC

「人が辞めない」病院をつくる
スゴイ人事考課制度

はじめに

医療の質の確保はもちろんのこと、チーム医療の推進や医師の働き方改革などを背景に、医療機関における人事考課制度がますます重要になっています。すでに全国の約8割の病院で「人事考課制度」の導入が進んでいる一方、制度がうまく組織に定着せずに苦労している医療機関は少なくありません。

その理由の一つとして、病院はほかの業界や業種のように売上高や利益といった数値で職員の成果を評価しづらいため、せっかく制度を導入しても「評価者の主観が入っている」「評価基準が曖昧」といった不満があがるなど、評価基準や制度自体の設計をどのようにすれば全員の納得のいくものになるのかが分かりづらいといった点が挙げられます。また、多くの病院経営を担う理事長が人事考課などに重きをおいていないということもあります。

私が理事長を務める社会医療法人でも、人事考課制度を導入した当初はなかなか思うような運用ができませんでした。やはり公正感や公平感を出すというのが大きな課題だったのです。そこでまず取り組んだのは考課者の評価が個人によって差が出てしまわないようにすることでした。

これには評価基準の改定だけでなく、職員を平等かつ正当に評価できる考課者の育成が必要と考え、半年に一度模擬面接演習や人事考課につながる病院目標を話し合うグループワークなど、さまざまなプログラムに取り組む合宿方式の専用の研修を実施し、考課の均一化に努めました。

加えて、制度に対する不満、意見など職員の生の声を定期的に聞く機会を設け、そこで聞いた意見をもとに制度改善していきました。ほかにも、評価データをきちんと保存できる体制を整えることで、制度の透明性と信頼性を高めていきました。

こうした取り組みによって、職員たちは徐々に自分の評価結果に納得してくれるようになり、人事考課制度の改善を自分事としてとらえてくれたおかげで、制度をうまく継続運用させることに成功しました。職員の業務に対するモチベーションも自ずと高まり、結果的に職員のスキル向上や長期的なキャリア形成の促進にもつながりました。

当たり前のことではありますが、病院の運営には職員こそ重要です。職員が主役となる組織をつくっていくことは、最終的に病院経営の改善にもつながると確信しています。

本書では、人が成長する組織を構築するための正しい人事考課制度の作り方と運用の仕方などについてまとめています。同じような悩みを抱える病院経営者にとって、私の経験が人事考課制度を適切に運用していくための助けとなれば幸いです。

目次

第2章

「人が辞めない」病院をつくる
人事考課制度の正しい運用で

職員のモチベーションアップ、人材のスキル向上、キャリア形成の促進

第3章

病院の人材不足を解消する〝スゴイ人事考課制度〟5つのポイント

第4章

人事考課制度と併せて教育制度も改善する

さらなる人材定着率向上と増員への新たな道筋

第1章

評価者の主観が入っている、
数値で成果を評価しづらい、評価基準が曖昧

病院で人事考課制度を機能させる難しさ

なぜ医療業界の人事考課制度はうまく機能しないのか

「この評価は納得できません！」

ある中規模病院の看護師として勤務するAさん。彼女は優秀で、医師からの信頼も厚く、整形外科病棟の看護チーム責任者として重要な役割を担っていました。しかし、昨年の人事考課ではなぜか低い評価をつけられていました。大きなミスをしたり、生産性が下がったりしたわけではありません。疑問に思い、別の看護チームに所属する同期のBさんにそのことを話すと、Bさんはこれまでと変わったことはしていないけれども、高い評価を受けたというのです。

二人の仕事ぶりにそれほど違いがあったように思えません。それなのに、なぜそんなに評価が分かれるのか、自分たちに対する評価がどのように決められているのか……Aさんは、病棟を統括する看護師長に直接話を聞きに行きました。すると、Aさんが所属するチームと他チームとでは、病棟が別であるため評価者も違うこと、さらに病棟によって評価基準の解釈や運用が異なることが分かったのです。

結果的に今回のような差が表れたのではないかと考えたAさんは、評価者によって評価のつけ方が異なるのはおかしいと看護師長に訴えました。事務方の人事担当にも相談しに行きましたが、「看護師長がしっかり見ているのだから間違った評価はついていないだろう」「現行の人事考課制度を変えるのは時間がかかる」と言って、話を聞いてくれません。

Aさんは誰に言っても無駄だと諦めて仕事に戻ることにしましたが、この件をきっかけにモチベーションが低下してしまいました。以前のようにいきいきと働く姿がみられなくなっていき、3カ月後には退職届を提出し、別の病院へ転職を決めました。

人事評価では、職員に不公平感を抱かせてしまうと、職場全体のモチベーション低下につながってしまう可能性があります。放置すれば、やがて離職者が増えることにもつながりかねません。優秀な人材が職場を去ってしまえば、残った職員に負荷がかかり、さらなる離職を招きます。結果として病院全体のサービスの質が低下するという悪循環に陥ってしまいます。

医療業界では、多くの病院が人事考課制度を適切に運用できていません。その背景には、医療現場特有の事情が大きく関係しています。

医療現場は医師、看護師、コメディカルスタッフといった多様な職種が連携して患者を支えています。それぞれが高い専門性を持ち、業務の内容も多岐にわたるため、公平な評価基準を作るのは簡単ではありません。医療行為自体は医師を中心として行われますが、看護師やコメディカルスタッフの上司は医師ではありません。看護師やコメディカルスタッフはそれぞれの課に所属しており、それぞれの上司がいます。

また、医療の質を数値で表すのが難しいことも、評価基準が曖昧になりやすい理由の一つです。例えば、迅速かつ的確な対応が求められる医療現場では、スタッフ間の意思疎通や連携が非常に重要です。また、患者の訴えにしっかりと耳を傾け、不安を抱える患者に寄り添うことも求められます。しかし、これらのコミュニケーション能力を数値化することは、非常に困難です。そのため、どうしても評価者の主観に頼る部分が増え、評価がばらついてしまいます。

医師への導入率が低い人事考課制度

人事考課制度を導入している職種のうち、最も導入率が低いのが医師です。2023年の「病院賃金総合調査」(日本経営)によれば、「人事考課を実施している」または「一部実施している」と回答した割合は、看護師が80・3%、医療技術職が80・5%、事務職が79・9%と高水準を示している一方で、医師ではわずか27・1%にとどまりました。さらに、163の病院を対象に行った産労総合研究所の調査によると、医師に対して人事考課制度を適用していない主な理由として、「制度運用の難しさ」や「効果への疑問」が挙げられています。

医師の仕事は専門性が高く、必ずしも上司が部下の医師の専門分野について知っているわけではありません。診療科ごとに求められるスキルや知識が異なるだけでなく、例えば手術を行った件数や、外来患者数など評価基準も一律に定めることはできません。

同じ病気でも患者ごとに治療の難易度が異なりますし、診療、手術、経過観察、術後のケアなど、医療行為にもさまざまなフェーズがあります。例えば、ある医師が難度の高い症例を数多く扱い、一定の成果を上げた場合でも、単純に手術件数や診療数といった量的指標だけではその医師の評価をすることは困難です。また、複雑な症例ほど治療に時間を要し、診られる患者数は少なくなります。このような評価基準になってしまうと、医師が安全で簡単な症例を優先する流れを生むかもしれません。そうした状況が長く続くと、患者が選べる治療の選択肢を狭めてしまう恐れもあるのです。

慢性的な医師不足になっている多くの医療機関では、こうした評価の難しさから医師に対して人事考課制度を導入することに消極的になっています。ヘタをすれば、医師の離職につながりかねないからです。

患者満足度と人事考課制度のジレンマ

医師の人事考課制度導入の難しさに加えて、もう一つ見逃せないのが「医療の質」に

人事考課制度を導入しない主な理由

- 給与制度を含めた見直しが必要と思われるため、検討はしているが、着手に至っていない。
- 公平な人事考課制度の構築が難しい。
- 医療業で人事考課を導入して組織活性化につながった良い事例をあまり聞かないため、慎重に検討したい。
- 判断基準の設定が難しいため。
- 労働組合との合意が得られない、反対がある。
- 現在、目標管理制度を導入しているため。
- 県立病院であり、人事は病院長の権限ではないため。
- 効果が期待できない。
- 考課者の教育や人事考課表の基準決定などが難しいため。
- 主力である看護管理者から業務負担の申し出があった。 欠勤 / 夜勤など客観的事実を賞与に反映している。
- 制度を運用できるレベルにない。
- 設立７年目で組織固めを行っている段階であり､その後導入について検討する。
- 昨年度まで処遇に反映させない人事考課を導入していたが、考課者の負担が大きいため、目標管理のみ行い、考課を実施しないこととした。
- 人事考課に対する意識をしっかり理解できていない。
- 以前、人事考課導入に向けて動いてみたが、当院の風土と合わず断念した。

出典：「病院における人事考課制度導入に関する実態調査」（産労総合研究所）

対する評価の問題です。

近年、医療サービスの質的向上が強く求められています。単なる治療成績だけではなく、患者への良質なサポート体制など、医療サービス全般の質が問われるようになっているのです。そのなかで、患者満足度は病院の評価や評判を大きく左右し、患者数や収益にも直結する重要な指標として注目されています。患者満足度を左右する要素は「医師や看護師の対人マナー」「医師や看護師の専門技術能力」「病院の設備・利便性」「医療費」などです。治療の成果などの「客観的な評価」に加えて、患者が感じる心理的な安心感や配慮といった「主観的な評価」が含まれています。

治療実績や手術件数などの「客観的な評価」は、患者に安心感を与えるだけでなく、病院全体の信頼を高める基盤となります。

一方で、医療スタッフの態度やコミュニケーション能力、説明の分かりやすさなどの「主観的な評価」は患者によって良いと感じるところが異なります。例えば患者がスタッフとの会話から安心感を得たり、丁寧で温かな対応に信頼を抱いたりすることがよくあります。それに対して、すばやく無駄がなく効率の良い対応を評価する人もいます。つまり、心理的な側面は数字では測りづらく、患者一人ひとりの主観に依存する部分が大きいのです。

患者満足度をこうしたさまざまな観点から正確に評価し、病院運営や人事考課に反映させなければなりません。しかし、この課題を解決するためには、評価基準やシステムの改善だけでなく、それを運用する評価者自身のスキルや理解が必要になります。評価者が不適切な評価を行えば、せっかくの基準や指標が機能しなくなるからです。

管理職に求められる評価スキル

医療現場では、各部門の管理職が評価者を務めることが一般的ですが、彼らは医療の専門家であっても、人事考課の専門家ではない場合が大半です。そのため、多くの管理職は、評価の方法や基準に関する明確な指針がないなかで、試行錯誤しながら評価を行っているのが実情だと思います。

評価者に求められるスキルは多岐にわたります。まず、評価基準を正確に理解し、公平かつ客観的な視点で評価を行う能力が必要です。さらに、日常業務の観察力、正確な記録・文書作成能力、そして面談でのコミュニケーション力も欠かせません。医療現場では、職種ごとの専門性や業務特性を踏まえたうえでの評価が求められるため、評価スキルの向上は必須です。

しかし、多くの病院では考課者訓練が十分に行われていません。その理由として次の3点が挙げられます。

・時間的制約

医療現場は慢性的な人手不足と多忙さに直面しており、考課者訓練に割く時間を確保するのが難しい現状があります。

・訓練プログラムの不備

考課者訓練のための体系的なプログラムが整備されておらず、効果的な教育の機会が限られています。

・重要性に対する認識不足

人事考課を単なる形式的な業務ととらえ、評価者育成への投資を軽視する風潮が一部の病院に存在します。

評価者のスキル不足は、公平な評価ができない原因となり、結果として医療サービス全体の質にも悪影響を及ぼす可能性があります。この状況が改善されないままでは、人事考課制度そのものへの信頼が揺らぐ危険性もあり、評価者自身が人事考課の重要性を見失い、単なる形式的な作業としてとらえるようになりかねません。実際に、多くの現場でその兆候がみられています。

形式的になりやすい人事考課制度

「また面倒な評価の時期が来た……」

これは、ある大規模病院の診療部門長がため息をつきながらつぶやいた言葉です。この一言には、人事考課という仕組みが抱える本質的な課題が凝縮されています。

本来、人事考課は組織にとって欠かせないものです。職員の強みを活かし、課題を明らかにすることで、個人の成長と組織の成長を促すものであり、適切な処遇を通じて職員の意欲を高める仕組みでもあります。

ところが、この制度が現実には「義務的な作業」として扱われ、本来の目的を見失っている病院も少なくありません。

医療現場は、24時間365日、患者の命と向き合う緊張感のなかで、常に予測不能な事態への対応を求められます。管理職も現場で診療、看護といった日々の患者ケアや緊急対応に追われながら、管理業務である人事考課に十分な時間と集中力を確保することは困難です。評価の内容が単なる作業的なものにとどまってしまうと、職員一人ひとりの成長や課題を深く掘り下げる機会は失われてしまいます。これでは、せっかくの評価面談もお決まりの儀式で終わってしまいます。

「どうせ結果は決まっている」「頑張っても報われない」といった不満が広がれば、職員のモチベーションは下がるばかりで、病院全体の雰囲気にも悪影響を及ぼしかねません。

本来人事考課とは、職員と管理職が目標や期待する成果を共有し、日々の業務を振り返りながら相互理解を深める絶好の機会になるはずです。けれども、評価が形式的なものになってしまえば、信頼関係の構築はおろか、不信感を助長してしまいます。これでは、評価がもたらすポジティブな効果は期待できません。

私自身、最初は人事考課制度が組織に良い影響を及ぼすとはそれほど思っていませんんでした。しかし、せっかくなら形だけのものではなく全職員にとって公正な評価制度をつくろうと、地道に試行錯誤を繰り返しました。導入後も制度の改善を重ね、院内に定着させていった結果、導入から10年以上経ちましたが新卒採用者数が増加、さらに２０１８～２０２４年まで新入職員の５年以内の離職者を０人にすることに成功しました。２０２３年に理事長に就任してからも、この制度を絶え間なく改善しています。

人事考課制度を適切に運用していくためには、いくつかポイントがあると考えています。例えば、人事考課制度が必要な理由を理解してもらう、評価者を育成するなど、どれも難しいことではありません。それぞれの病院に合った制度をつくり、効果的に運用していくことは可能です。

それらを実践せずに形骸化した人事考課制度を放置していれば、職員のモチベーションが低下し、人材不足や医療サービスの質低下といった問題につながり、最終的には病院経営にも影響を及ぼします。人事考課制度とは、単なる人事評価制度ではありません。医療現場の課題解決と組織の成長を支える原動力となりうるものです。だからこそ、適切に運用しなければ、病院の未来は失われてしまうのです。

第 2 章

職員のモチベーションアップ、人材のスキル向上、キャリア形成の促進

人事考課制度の正しい運用で「人が辞めない」病院をつくる

人事考課制度の導入を加速させた「病院機能評価」

私の病院が人事考課制度導入の準備を始めたのは2005年のことです。私の場合、事務長として制度の導入を検討し始めた理由は、組織の活性化や人材の育成ではなく、病院機能評価を受審するために人事考課制度が必要だったからです。

病院機能評価は、公益財団法人日本医療機能評価機構が病院全体の運営や診療・ケアを中立的、科学的、専門的な立場から評価することで病院の質の改善を支援するもので、医療関係者であればよく知られている制度です。この評価を受けることで、医療の質向上、患者満足度の向上、医療従事者のモチベーション向上、そして地域医療の活性化といったメリットがあり、病院経営に大きく寄与します。認定は書面と訪問による審査で、約90項目にわたる評価が行われます。中間報告で「一定の水準に達していない」と評価された項目があれば改善に取り組み、補充的な審査を経て認定されます。

全病院の認定状況（２０２３年12月8日時点）は24・7％（２００９／８１３９病院）です。一般病院は56・1％、療養病院は20・1％、精神科病院は18・5％です。また、規模が大きい病院ほど認定率が高く、４００床以上では74・4％となっています。「一般病院３」の区分では、特定機能病院に求められる高度な医療やガバナンスの強化が求められており、評価の方法も病院幹部の面談や医療安全ラウンド、カルテレビューなどが加わっています。

一方で、病院機能評価には費用や審査負担、評価基準の複雑さなどの課題もあります。特に小規模病院にとっては大きな負担になる場合があり、事前準備や審査当日の対応に多くの職員が関わるため、業務への影響が懸念されます。評価結果が直接医療の質向上に結びつかないという指摘もありますが、それでも病院が地域の信頼を得て、質の高い医療を提供し続けるために必要な制度だと感じています。私の病院の場合は準備に時間がかかることを懸念し、結果的にはこれまで受審していません。

病院における人事考課制度の導入と運用の課題

人事考課制度の導入を主導するのは事務方であることは明らかでしたが、私は当時、事務長としてその責任を担いながらも、制度の目的や具体的な内容についての理解が浅い状態でした。特に、制度が単なる昇給管理の手段であるとしか認識しておらず、運用の方法と得られるメリットについてまでは深く考えが及んでいなかったのです。

そこでまずは、看護部、診療技術部、事務部がそれぞれ独自の基準で人事考課を試みることになりました。例えば私が所属している事務部では、受講した人事考課セミナーの資料をそのまま活用するだけにとどまっており、独自の工夫はほとんどありませんでした。今振り返ると、これらの取り組みはすべて「評価点をつける」ことに終始しており、制度の本来の目的が見失われていたのです。

そこで、2006年度に事務長と部課長を中心に、さまざまなセミナーに参加し、私たちが理想とする人事考課制度のあり方を模索しました。その結果、人事考課制度とは単なる評価ではなく、職員の成長を促す手段であり、管理者は育成を担う役割があることを再認識しました。この考え方をもとに、４つの方針を定め、制度の再構築に取り組みました。導入当初の私たちの人事考課制度について概要を説明します。

【導入当初の私たちの病院の人事考課制度：４つの方針】

方針１：理念を人事考課に取り入れる

当院の理念は、

「私たちは　高度で良質な医療を提供いたします」

「私たちは　患者様への思いやりを大切にする病院を目指します」

です。この理念をもとに
・患者の安心と満足を笑顔で提供する病院
・目標を掲げてチャレンジする職員
という2つのビジョンに落とし込みました。そして病院目標として、
・患者ニーズの把握のためにアンケートを実施する

・患者から言葉をかけられたら足を止め、手を止め、目線を合わせて話を聞く
・自分の役割を自覚し、達成するために職能を身につける
・個人ごとに取り組みたいテーマを決めるために月に1冊は関連本を読む

の4つを決めました。

方針2：日常の業務の遂行状況を把握し、評価したうえで指導する

これは職種ごとの専門業務を評価する課業目標になりますが、前提として課業一覧表（職種ごとの業務明細）と職能要件書（課業遂行のための知識・スキルの明細）の作成が条件なので、まずはその作成を急ぎました（のちに両者は「課業・職能要件書」と1つに統合されました）。

経験年数によって求められる課業レベルも異なるため、同時に職能資格等級制度を整えましたが、現在と比較するとかなりラフな内容（1等級：新入職者、2等級：3年程度の経験の職員、3等級：5年程度の経験の職員）で、定義そのものが曖昧でした。

一人の職員がすべての業務を完璧にこなして昇級できるものではありません。業務量

が多かったり、すべての課業を経験することが難しかったりする場合もあります。だからこそ、職員には新しい課題に対して積極的に取り組む姿勢が必要です。そこで、各等級において挑戦的な姿勢を育むために「チャレンジ業務（1つ上の等級にとって適正レベルの業務）」の概念を導入しました。これは、自らの成長を目指し、常に上位のレベルに挑戦することを促すものです。

方針3：素養や潜在能力ではなく、行動や顕在能力を評価し指導する

通常であれば情意評価や能力評価という制度を導入するものですが、私の病院では行動観察を伴うコンピテンシー評価を導入することにしました。これは、イメージ評価につながりやすくならないよう、行動の事実を行動観察メモに記録することを条件として評価するものです。

コンピテンシーとは本来、経営者や管理者がハイパフォーマーとみなす職員に対して詳細なインタビューを行い、その発言から高い行動特性をあぶり出してリスト化し、組織全体に共有するプロセスを指します。私たちの病院ではその手間をかける時間がな

かったため、過去のセミナー教材の中から選び出したものをそのまま暫定的に私たちの病院のコンピテンシーリストとしました。

方針4：常にスキルアップを目指し勉強する姿勢を養う

病院目標を遂行するためには、全スタッフがそれぞれの課業目標を掲げて、スキルアップを目指しながら業務に取り組むことになります。その際、必要な知識を得るための方法として読書を推奨し、毎月「読書記録用紙（のちに学習シートと改称）」への記入と提出をさせることにしました。当時の理事長が「勉強しろ」とうるさい人であったことも影響しています。

こうした準備期間を経て導入された人事考課制度は、振り返ってみると、「目標面接制度」の原形であったといえます。

導入当時は、一次考課者の能力差が大きく、脱落しないように、遅れている者には全員で手厚いサポートを行い、必要に応じて評価基準のハードルを調整することもありました。しかし、基準を下げすぎることは本末転倒であるため、特にコンピテンシー評価の理解に関しては考課者訓練に多くの時間を割きました。

このような配慮によって成果が上がることを期待しましたが、必ずしもうまくいくとは限りません。制度がうまく機能しない理由としては、主に２つの要因が考えられました。

第一は、制度の目的です。

私の病院では、当初、人事考課制度の目的を職員の教育と成長支援に限定して運用していました。評価はあくまで、その成長を測るための手段にすぎませんでした。その後、評価が処遇に反映されないことに不満を持つ職員が増えたため、２０１２年度から評価を処遇に反映させるように変更しました。その頃まで、処遇への反映は見送られてきたのです。

しかし、多くの組織では、人事考課を短期的な結果や経営者の自己満足のためだけの評価に結び付けすぎる傾向があります。そのため、職員の不満が高まり、結果として制度そのものが継続できなくなることが少なくありません。

第二に、人事考課制度は時間と労力がかかる点です。

私の病院では、評価と処遇を結び付けていなかったため、時間をかけて制度を構築することができました。しかし、短期的な成果を求め、評価だけを急いで行うと、制度の定着は難しくなります。

制度の導入と定着には本当に時間がかかります。人事考課に携わる看護師や技師は、専門職としての業務には熟練しているものの、基本的には管理・監督職としての教育を受けていないため、育成・評価業務を正しく遂行するための訓練が必要です。この訓練には十分な時間をかけることが必要です。

また、人事考課制度による成果を導くためには時間ばかりでなく、それなりの人手も必要です。私の病院では、中心となって動く主任職に対する負荷が大きいため、人数を増やし、他病院よりもかなり高額な手当も支払います。そのためのコストもかかります。

人事考課の適切な運用を妨げる要因

人事考課制度を導入する目的や準備にどれだけの時間をかけられるかは、制度を運用する担当者が持つべき大切な視点です。運用がうまくいかない原因も、そのあたりに問題が潜んでいることが多いです。

制度の目的や時間のほかに運用を妨げているのは何かを特定し、それを解消することで適切な運用に導くことが可能になります。一般論として、病院の経営は単に専門職がパフォーマンスを発揮するだけでは成り立ちません。私の病院が制度を導入し、職員を増やして公平な処遇を実現できたのは、病院の伝統や文化、職場の雰囲気、管理手法などが影響したと考えています。

管理手法はいくつかあります。例えば病院機能評価を重視し、きちんとした運営につなげている施設があります。また、専門職の研修に力を入れ、そのスキルを内外にアピールして患者を獲得する病院もあります。制度をうまく運用している病院では、人事考課が経営の軸にしっかり組み込まれています。過去に、運用が整っていて経営実績を上げている医療法人を訪れたことがありますが、非の打ちどころがない経営をしていると感じました。

病院によって手法は異なりますが、制度をうまく活用しているところは存在します。私が気づいたのは、制度に対する「職員の納得度」に注目することの重要性です。納得度は目に見えないものなので、導入初期に「給料を下げるつもりでは？」と質問されたことがあります。最初は教育に特化して処遇には反映させない方針でした。しかし、制度が整ってくると逆にその方針が不満となって、処遇に結び付けることになりました。当初「給料を下げる」という意図はありませんでしたが、適切な運用を妨げる要因の一つは職員の抵抗感です。

このことから、導入時には職員が納得できるように、制度について説明を尽くすことが非常に大切だと思っています。最近では新しい職員に制度を説明すると、半数以上が前職で形ばかりの制度を経験していたと答えます。

理事長や院長など経営責任者の意識も適切な運用を妨げる要因です。医師が理事長を務める病院では事務方の提案が通りにくい場合が多いです。医師出身の理事長は医療のスキル向上を優先しがちで、人事考課の優先順位は低くなってしまうからです。

また、事務方が人事考課制度を導入しても理事長や院長の壁に阻まれることがあります。私の場合、事務長時代に制度導入に関わり、理事でもあったことで、制度を根付かせることができました。導入を始めた頃、人事考課制度には適切な前例がなく、手探りの状態でした。コンサルタント会社のセミナーに参加して学びましたが、病院の多様性に対応する詳しい指導は受けられませんでした。そこで、幹部職員と相談し、職員のスキルアップを意識した取り組みを計画しました。

一般職員の受け止めは、前向きな人とネガティブな人に分かれました。前向きな人は評価が処遇に反映されることを期待します。一方、ネガティブな人は評価を嫌がり抵抗しました。この抵抗感を持つ人の多くは私より年上で、理解を得るのに苦労しました。

このように、病院の人事考課制度にはクリアしなければならない課題が多くありますが、課題を一つひとつ解決し、適切に制度を運用することができれば、より公正な人事処遇が実現でき、結果として医療機関が抱える人材不足の解決にもつながります。

病院の人事考課制度を成功させるための評価軸

多くの職員が関わる病院の人事考課制度には、公正で透明性の高い評価を行う仕組みが必要です。制度を効果的に運用するために特に重要な5つのポイントを理解することで効果的に制度の構築や運用ができるようになり、病院全体のパフォーマンス向上に寄与することができます。導入当初から現在においても私たちが重視しているポイントを紹介します。

【人事考課制度の運用のための5つのポイント】

1．評価目的の明確化

評価の目的を明確にすることは人事考課制度の基本です。目的が曖昧であれば、評価基準も不明瞭になり、評価される人に不公平感や不満が生まれます。病院では、患者に質の高い医療サービスを提供することが最重要課題です。そのため、職員の能力を正確に評価し育成することが重要です。評価の目的がはっきりしていれば、職員のスキル向上や業務改善につながる人事考課が可能になり、結果的に病院全体のパフォーマンス向上にも寄与します。

2．評価の標準化

評価をより公平で一貫性のあるものにするために評価基準の統一はとても重要です。病院ではさまざまな職種の人々が協力して働いていますが、職種が異なると評価基準にも差が生じることがあります。そこで、統一された評価基準を導入することで、職員同士の比較がしやすくなり、公平な評価を実現できるようになります。このような基準があれば、評価者の主観による影響も少なくなるため、職員のやる気も高まる効果が期待できます。

3．評価制度改善の習慣化

評価制度を継続して効果的に使い続けるためには定期的に改善を重ねることが大切です。医療の現場は日々変化しており、それに合わせて人事考課制度も常に進化させる必要があります。定期的に見直しと改善を行うことで制度が現場の実情に合ったものになり、最新の医療技術や患者のニーズにも対応できる評価基準を設定することができます。この定期的な見直しと改善が、より良い考課制度の維持につながります。

4．病院目標との連動

病院の目標を人事考課制度と結び付けることで、職員一人ひとりの行動が組織全体の目標達成に寄与するようになります。例えば患者満足度の向上や医療の質の向上といった病院の目標を掲げた場合、それに向けて全職員が一致協力して取り組めるようになるというようなことです。各職員が自分の役割を理解し、自分の貢献が病院全体にどのような影響を及ぼすかを意識することで、組織の一体感が高まります。職員一人ひとりの行動が病院の目標達成に結び付くことを実感でき、より高いモチベーションを持って業務に取り組めるようになります。

5．DX（デジタルトランスフォーメーション）への取り組み

現代の医療機関では、DXの導入が欠かせません。特に人事考課制度にDXを取り入れることで、評価データの精度が向上し、効率も高まります。例えば評価プロセスが自動化されてデータ分析が高度化することで、より客観的で公正な評価ができるようにな

ります。また、職員がスキルを磨いたり、再訓練を受けたりする際にもデータを活用でき、人材育成の面でも大きな効果が期待されます。このように、DXは多くのメリットをもたらし、医療機関の発展に貢献します。さらにいえばDXは病院に限らず多くの事業所にとって、また人事考課以外の業務においても、もはや必須の取り組みとなっています。

これら5つのポイントそれぞれの重要性を理解して制度に反映させることが、病院経営の成功へとつながります。評価軸をもとにした人事考課制度は、病院全体の運営を改善し、質の高い医療を提供するために欠かせません。

導入をゴールとしてはいけない

人事考課制度に限らず、新たなシステムを導入する際は、導入作業が終わったことで安心し、その先に進まなくなることが多々あります。本来、導入は始まりであるはずなのに、一仕事を終えた気持ちになり、気が緩んでしまうのです。人事考課制度を導入したものの、形ばかりになってしまい、いつの間にか有名無実化する病院も多いのが現状です。

私の病院では、毎年内容を深め、新たな展開を試みた結果、職員満足度や経営実績が向上し、考課者・被考課者のどちらもが「なぜ導入するのか」「成果をどう活用するか」という問題意識を共有できたと考えています。

まずは人事考課の目的を職員指導に絞り、組織全体で取り組みました。しかし課長クラスの職員からは「毎年同じでは進歩がないのでは」という疑問が出るようになり、それは私も感じていました。導入にこぎ着けたあとこそ、そこから毎年ブラッシュアップを進め、時には大幅な見直しも必要です。実際に高評価者の賞与増額や、考課結果を昇給額に反映する改善を行いました。こうした全組織的な取り組みには強いリーダーシップが欠かせません。私の病院では私のリーダーシップがそれを実現させました。人事考課制度の成功には、導入後も改善を続ける意識とリーダーシップが必要です。

病院に限らず人事考課制度を導入する組織では多くの場合、本人評価、一次、二次、最終評価の段階があります。私の病院の場合、一次と二次の考課者である主任や課長に対して時間とコストを惜しまず教育を施しました。公平な評価を行うためには、考課者に相応の能力が必要だからです。

そのため、導入直後は年2回の合宿で主任や課長を教育し、模擬面接演習を徹底的に行いました。現在は院内で年2回の模擬面接演習、隔月に1回の考課者訓練を行い、参加者は互いに意見を交わし改善を図っています。春には病院目標を設定し、部長がリーダーとなって部門目標、部署目標を設定し、それに連なる役職者の個人目標を設定しています。

２００７年導入時の主任は合宿で研修を受けましたが、昇進者には病院外部での「新任主任研修」を義務付けました。職員の意識も変わり、導入当初は懐疑的だった職員も、数年で「賞与や昇給に反映されないのはおかしい」と考えるようになりました。導入をゴールとしない姿勢が実を結んだのです。

職員の意識変化をとらえ、人事考課を処遇に反映する仕組みを検討し始めました。制度導入から2年目以降は職員も少しずつ慣れ、受け入れやすい環境が整っていきました。

人事考課は目的ではなくあくまで手段

人事考課に限らず何か継続的な取り組みを行う際には、必ず最終的な目標地点を設定する必要があります。多くの企業では利益の確保と向上を目指してさまざまな施策を展開しています。一方、病院の場合は、地域医療への貢献という社会的使命を果たすことが求められ、直接的に利益に結びつかない部分でも患者満足度の向上や外部からの評価を高めるための取り組みが重要です。

私の病院が人事考課制度を導入した理由の一つは、質の高い医療を提供すべく職員の教育や指導を効果的に進めるためでした。つまり、患者満足度を高めるための一つの手段としてこの制度を活用しているのです。しかし、一部の病院では人事考課制度がうまく機能していません。その理由は、手段であるはずのこの制度が目的だと勘違いされているからです。

理事長という立場でほかの病院の経営者や事務長らと話すと、よく「人事考課制度」

が話題に上ります。しかし、制度をうまく運用できていない病院に共通するのは、「なぜ導入したのか」と尋ねたとき、明確に答えられないという点です。これが、制度が目的化してしまった典型的な例です。「なぜ導入したのか」という視点が欠けているため、制度の効果を十分に発揮できていません。うまく機能すれば、人事考課は職員のモチベーションを高め、患者への看護の質を向上させ、病院全体の利益にも貢献するはずです。

私の病院がこの制度を成功させてきた背景には、制度の推進者として覚悟、能力、そして職位が私に備わっていたことが大きいです。明確な目標を掲げ、それを達成するための覚悟がなければ、仕事を前進させることはできません。また、適切な制度を構築するための力量と、職員が納得できるような進め方ができる職位も必要です。単に熱意だけで押し通すのではなく、「なぜこの制度を導入するのか」という根本的な目的を常に意識しなければなりません。

私がこの制度の導入時から重視していたのは、職員がどのように感じているかという部分です。この気配りがなければ、自己満足に終わってしまうと考えていたからです。導入当初、職員の反応としては「面倒だ」という声が大半でした。これまでにない新しい仕組みだったため、「なぜこんなことをする必要があるのか」という疑問も多く寄せられました。この時、トップダウンで推し進めることもできましたが、それでは反発を招く可能性が高いと思いました。私の病院で制度が定着した理由は、面接を担当する主任クラスの人たちが非常に努力してくれたからだと思っています。実際に彼らに対しては、成果がしっかりと表れるまで、そして現在も、模擬面接演習や考課者訓練を繰り返し行っています。こうした主任たちの尽力によって職員の納得感が徐々に生まれ、制度の運用がスムーズに進むようになったのです。

この過程で肝心なことがあります。処遇に結び付ける前は、職員に納得してもらうために人事考課の背後に私のような立場の人間が見えてはいけない、ということです。導入から数年後、職員たちは「人事考課は主任が行うもの」として制度を受け入れるようになっていました。「面倒だけど、これが当たり前」と感じてもらえるようになったのです。一方で、主任に当事者意識を持たせるための教育を欠かすことはありませんでした。この過程で、残念ながら辞めていった主任もいますが、一方で、努力を実らせて部長職に就いた者もいます。

主任の教育や訓練も現在まで継続して行っています。隔月で実施される教育や訓練は残業手当が出るわけではありませんが、無理強いせずともほとんどの対象者がきちんと参加しています。主任クラスにとっては、すでに日常の一環となっています。初めは私が主導していましたが、現在は主任が主体となり、部課長も協力してディスカッションテーマを選んでいます。この体制が始まって19年が経ち、今でも制度の改善に努めています。この継続的な努力こそが、私の病院の人事考課制度を支えているのです。

目的にフォーカスすれば課題も恩恵も明らかになる

私の病院の人事考課制度は、その意義が職員に浸透するにつれて、彼らの意見を反映させた処遇改善に力を入れるようになりました。この背後には、職能資格等級の定義を徐々に整備し、面接の際にはそれぞれの等級の役割を丁寧に説明するという考課者側の地道な努力があります。

評価や面接の質が向上していくと、職員から「評価が高くても処遇に反映されない」

2019年改定

4等級（一般職） 応用判定（熟練・非定型）	4等級（専門・専任職） 応用判定・専門業務（熟練・非定型）	4等級（指導・管理補佐：チーフ職） 監督・指導
担当の業務、係等の業務目標の達成に向けて責任を持って取り組むだけではなく部署全体の業務遂行においてさまざまな目配りや配慮を怠らない。 上司から特段の指示を受けずとも、マニュアルや約束事が定まっている業務については主体的に行うとともに、約束事が決まっていない業務にも携わり、適切な判断をする。	担当の専門職務、係等の業務目標の達成に向けて責任を持って取り組む。 上司から特段の指示を受けずとも、マニュアルや約束事が定まっている業務については主体的に行うとともに、約束事が決まっていない業務にも携わり、適切な判断をする。	担当する職務、係等の業務目標の達成に向けて取り組むとともに、他部署の職員とも関わり合いながら、主任の補佐であることを理解し部署全体の目標達成のためにリーダーシップを発揮する。 上司が示す方向性に基づいて、約束事が決まっていない業務に主体的に取り組むとともに、部署内の職員がおのおのの役割をきちんとまっとうするよう働きかけを行う。
（非定型業務・熟練業務・遂行業務判断） 定型業務はもちろんのこと、高度かつ広範な業務知識および熟練した技術に基づき、複雑な判断を有する業務、もしくは熟練を要する業務を、他メンバーとやり遂げようとする。	（非定型専門業務、遂行判断業務） 担当する専門分野の業務知識および高度に熟練した技術に基づき担当する専門業務を行う。 複雑な判断を有する業務、もしくは熟練を要する業務を上司からの指示のもと行う。	（遂行業務判断・処理・指導） 理論面および業務面の両面から考えられた総合的判断に基づき、複雑な判断を有する業務に携わるほか、主任補佐として職員の指導業務に取り組む。
下級者の処理能力を理解したうえで仕事の意味・目的を教えることを念頭に指導および助言を行い、下級者の成長がみられる。	担当専門業務に関して、下級者のみならず上級者に対して、あるいは病院の職員全員に対して指導および助言を行う。	部署内の目標達成のためのリーダーシップを発揮し、主任の指導のもと、個別に下級者の育成にあたる。
	担当専門業務に関する諸事項について迅速かつ的確な処理を行い、上司への報告・相談を行う。	業務上発生する例外事項に対し迅速かつ的確な処理を行うと同時に上司へ報告・相談を行う。
職場の問題を提起し、その原因を掘り下げ問題の解決を行う。	職場の問題を提起し、その原因を掘り下げ問題の解決を行う。	職場の問題を提起し、その原因を掘り下げ問題の解決を行う。
自ら企画し部署内・院内での勉強会を実施する。	担当する専門分野をより充実させるための、広報・活性化などの計画を立案するほか、適宜勉強会を実施する。	自ら企画し部署内・院内での勉強会を実施する。経営改善・業務改善につながるような企画・提案等を所属長・係長・主任の指導のもと行う。

職能資格等級定義

等級	1等級（初級職） 単純定型	2等級（中級職） 定型判定(日常定型・複雑定型)	3等級（上級職） 応用判定（熟練・非定型）
役割	業務の意味・目的を理解したうえで正確に遂行する。 上司の具体的かつ詳細な指示を受け、マニュアルや約束事が明確に定まっており部署の全職員に周知されている手順に従う。	業務の意味・目的を理解したうえで正確かつ迅速に遂行する。 上司からいくつかの要点の指示を受け、マニュアルや約束事が明確に定まっており部署の全職員に周知されている手順に従い自ら進んで業務を行う。	担当の業務、係等の業務目標の達成に向けて責任を持って取り組む。 上司から特段の指示を受けずとも、マニュアルや約束事が定まっている業務については主体的に行う。
業務内容、知識	(単純定型業務) 単純な定型的業務、日常の特別な経験を必要としない繰り返し業務。 見習い的・補助的業務（通常の理解力・注意力があれば遂行可能な業務）が中心だが、不明点は自ら調べそのうえで上司・先輩に確認、指示を仰ぐこと。	(定型業務) 業務に関する標準的な実務知識・技能・経験に基づき、単純な定型的業務、日常の特別な経験を必要としない繰り返し業務のほか、単純な判断を有する業務を行うが、不明点はまず自ら調べそのうえで上司・先輩に確認・指示を仰ぐこと。	(非定型業務・熟練業務・遂行業務判断) 定型業務はもちろんのこと、高度かつ広範な業務知識および熟練した技能に基づき、複雑な判断を有する業務、もしくは熟練を要する業務を、上司の指示のもと行う。
指導		下級者へ仕事の意味・目的を教えることを意識して指導および助言を行う。	下級者の処理能力を理解した上で仕事の意味・目的を教えることを念頭に指導および助言を行う。
処理			
改善		職場の問題改善について上司に提案する。	職場の問題を提起し、その原因を掘り下げ問題解決に向けて努力する。
企画			

という不満の声が上がるようになり、2012年度からは職能資格等級が3等級以上の職員に自主目標を設定させ、基準を超える評価を得た場合は賞与を増額する仕組みを導入しました。さらに増額の根拠となる評価理由を全職員に公開したことで、自主目標に前向きに取り組む職員が増えました。それと同時に役職者教育を行い、すべての職員の評価は6等級（課長）以上の全役職者が合議し、最終評価は経営者ではなく直属の上司が決定するシステムを確立しました。これらの取り組みは、制度の目的を明確にすることで浮かび上がった課題に対応するための一環です。

賞与の増額に続き、2019年度には昇給にも反映させる仕組みを整えました。それまでの古い給与体系を根本から見直し、人事考課制度と職能資格等級制度に完全に連動した新しい賃金制度を導入したのです。

職能資格等級制度の適切な運用には過去数年分の評価データの蓄積が必要ですが、人事考課表が紛失するケースもありました。また、紙での管理は時間がかかり、煩雑であったため、2022年度からは人事情報管理システムを導入し、職員も役職者も評価をこのシステム上に入力する方法に切り替えました。これによって、データの物理的な紛失がなくなり、迅速で客観的な評価が可能になる仕組みが確立しました。

当初、役職者に対する人事考課の導入は、考課者側の負担を考慮して見合わせていましたが、２０２０年度の賃金制度改定に合わせて一般職員より1年遅れて開始されました。また、これに伴い病院全体の年度目標も前年度の2月に決定し、各部門に早期に発表する流れができました。この流れにより、部門から部署、そして役職者へと目標が連鎖する体制が整いました。

役職者は一般職員とは異なり、自主目標の達成状況を経営者の前でプレゼンし、質疑応答を経て評価が決まります。この評価結果は次年度の夏季賞与に反映されますが、相対評価の要素を持つため、一般職員とは違って支給額に大きな差が出るようになりました。役職者に対する人事考課は彼ら自身の処遇にも大きな影響を与え、意欲的な目標を達成する役職者が増え、結果として病院全体を活性化させる二次的な効果も生み出しています。ただし職員の人事考課を行いながらの役職者自身の人事考課に大きく負荷がかかることにもなってしまい、２０２５年度からは個人目標を廃止し、課の目標を所属する課長・係長・主任らが集団で達成していく内容に変更することになりました。

このように、人事考課制度を導入したあともそのままにせず、組織の変化や職員の要望に合わせて変えていきました。詳細は第3章で記しますが、現在の私たちの人事考課制度は次のように変わりました。

【現在の私たちの人事考課】

～一般職員～

①課業評価

担当している業務の専門性を評価。次の1年間に力を入れて取り組みたい目標を課業・職能要件書の中から5つ選び、中間で面談を受けつつ、1年後に最終評価を行う。

※評価基準は「援・独・完」の3段階で、「援」は支援を受ければできる、「独」は自分一人でできる、「完」は他者に教えられるというレベルを表す。等級が低い人は「援」、高い人は「完」が基準。また、「P」はパート（一部）を意味し、下位等級

看護部の課業・職能要件書（看護過程に関する業務）

課業	課業内容	等級別習熟度				課業内容選択数				遂行レベル	具体的手段・方法（図書・研修・資格・免許等）
		1	2	3	4	1	2	3	4		
観察と測定	1. バイタル	独	独	完		P	A	A		1. 患者の疾患を理解し、バイタル、意識、酸素飽和度の測定が正確にでき、患者の状況が把握できる	看護部看護実践基準
	2. 意識										看護部実践手順
	3. 呼吸状態										
	4. 尿量、尿回数、便回数、性状									2. 患者の疾患を理解し、排泄、栄養状況の観察ができ、状況に応じて水分出納の測定を行い、患者状況の把握ができる	『看護技術スタンダードマニュアル』（メヂカルフレンド社、川島みどり監修）
	5. in/out（水分出納）										
	6. ガス分析										【OJT】
	7. 体重の変化									3. 患者の疾患を理解し、ADL の把握、認知機能、発語能力の観察をし、生活基本動作の自立度の把握ができる	
	8. 食事摂取量										
	9. 生活基本動作の自立度										
	10. 認知機能									4. 患者の状況を理解し、プライバシーの保護に配慮した測定、観察ができる	
	11. 発語・発語能力										
										5. 正常、異常を理解して正しい測定、観察ができる	
										6. 患者のみでなく家族からも情報収集を行い、観察項目に加えることができる	
看護過程の実施	1. アセスメントの実施	援	独	独	完	P	P	A	A	1. 患者の疾患を理解し、身体的、精神的、社会的側面をアセスメントし看護問題を抽出し、患者個々にあった看護計画が立案できる	看護部看護実践基準
	2. 看護計画の立案										看護記録マニュアル
	3. 看護介入の作成（観察、ケア、処置）									2. 看護計画に則り、看護介入（観察、ケア、処置）の作成をすることができる	略語集
	4. 看護計画の実施									3. 看護計画に則り、看護を実施し、患者の反応を観察することができる	【OJT】
	5. 看護計画の評価									4. 看護計画の評価を行い、看護の継続ができる	

※等級別習熟度、課業内容選択数の数字は職能資格等級を表す

評価項目	定　義	ディクショナリー		自己評価	一次評価	二次評価
積極性	自分および職場の職務拡大、仕事の改善、工夫、提案、質の維持・向上に努め、また必要な知識・技術・技能を身につけるために自己啓発を怠らない態度・行動	1	常に必要な知識・技術・技能の維持・向上のために自己研鑽を積んでいる。	A B C	A B C	A B C
		2	困難と思われるような仕事であっても諦めることなく、前向きに行動的にチャレンジしている。	A B C	A B C	A B C
		3	結果に満足することなく、さらなる向上のため意欲的に努力している。	A B C	A B C	A B C
		4	仕事の流れ、手順・方法を熟知し、改善、アイデア、提案を積極的に出している。	A B C	A B C	A B C
		5	仕事に対する取り組み姿勢が前向きでかつ活動的に職務拡大に努めている。	A B C	A B C	A B C

の職員はその課業の一部ができていればよいと評価される。「A」はオール（すべて）を意味し、特に上位等級の職員はすべてできていなければならないというように設定されている場合が多い。

②情意・能力考課

情意（マインド）4項目、能力（アビリティ）は等級ごとに3〜6項目を評価。行動観察メモ（具体的な行動を記録する）に基づき、優れた事例が1つあればA評価となり、記録がない場合はB評価となる。マイナス事例はC評価となる。すべてのメモを理事長が確認し、評価項目の間違いなどを修正したうえで役職者に戻す。なお、情意・能力考課は職能

情意考課の判定表

評価項目	定　義		ディクショナリー	自己評価	一次評価	二次評価
規律性	日常の職務規律の遵守、職場の秩序の維持、より良い慣習の向上に努めようとする意欲・姿勢	1	常に時間に余裕を持って出勤し、上司の指示、命令等、組織の決まりにはメリハリをもって行動し、模範的である。	A B C	A B C	A B C
		2	いつも笑顔で、身だしなみ、言葉遣いにも気を付け、さわやかで好印象を与えている。	A B C	A B C	A B C
		3	業務上の秘密保持や指示・命令をよく守っている。	A B C	A B C	A B C
		4	規則・規定・職場ルールに精通しほかのスタッフにも注意を促すなど率先して職場における風紀秩序の維持に努めている。	A B C	A B C	A B C
		5	権限の行使、義務の履行は与えられた範囲を逸脱することなく、与えられた範囲・条件を最大限に有効活用し、業務を推進している。	A B C	A B C	A B C
責任性	自分の役割・立場を理解与えられた(引き受けた)仕事に最善を尽くして、最後までやり抜こうとする態度・行動	1	与えられた（引き受けた）仕事を完全に成し遂げようとベストを尽くしている。	A B C	A B C	A B C
		2	与えられ、かつ自ら取り組もうとした業務は期日までに必ず成し遂げている。	A B C	A B C	A B C
		3	決して自分の仕事をほかのスタッフに依頼したり、押し付けたりすることはない。	A B C	A B C	A B C
		4	業務遂行過程でのポイントをしっかり把握し、チェックを怠らずミスのないように努めている。	A B C	A B C	A B C
		5	仕事の結果については、たとえ期待に応えられなかったとしても責任を転嫁したり、言い訳したりすることは一切ない。	A B C	A B C	A B C
協調性	仕事が円滑に進行するよう、スタッフと協力しあい、良好な人間関係を維持しながらチームワークの向上に努力する態度・行動	1	自分の考えに固執することなく、異なった意見にも耳を傾け、受け入れも柔軟で誰とでも問題なく協力し合っている。	A B C	A B C	A B C
		2	自分の立場、自分の仕事にこだわりすぎることなく、自己の業務はしっかり遂行したうえで、ほかのスタッフの業務も進んで手伝っている。	A B C	A B C	A B C
		3	組織の一員であることを自覚し、組織の目標達成に向けて積極的に働きかけ、協力している。	A B C	A B C	A B C
		4	いつでも気軽に話しかけられやすいような雰囲気をつくり、常にチームワークの向上に努めている。	A B C	A B C	A B C
		5	他部署の関係者との良好な人間関係を維持し、より良い連携づくりに努めている。	A B C	A B C	A B C

評価項目	定　義		ディクショナリー	自己評価	一次評価	二次評価
問題改善力	業務における問題を発見し、その問題を解決するための行動を決めながら実際に行動に移し、さらにその結果を検証し次の改善につなげる能力	1	クレーム等の対処について、最後まで相手の話を聞いたうえで説明し対処している。	A B C	A B C	A B C
		2	部署の課題について、きちんと自分の意見を述べながら他者の考えとすり合わせをし、問題解決方法を探っている。	A B C	A B C	A B C
		3	問題の兆候をすみやかにつかみ、問題の影響度を考えながら、緊急課題から処理を行い、トラブルを未然に防ごうとしている。	A B C	A B C	A B C
		4	自分一人ではなくまわりの人間も巻き込みながら全体で問題を解決しようと努力している。	A B C	A B C	A B C
		5	すぐに上司に頼るのではなく、自分なりの解決方法をいついかなる場合も検討し、代替案を持っている。	A B C	A B C	A B C
指導力	自ら一生懸命に仕事を行いながら人の先頭に立って模範を示し、後輩や同僚らを掌握しリードする能力	1	指導する側であるという自覚を持ち、業務内容や方針について同僚や後輩にかみ砕いて説明している。	A B C	A B C	A B C
		2	後輩が期待以上の成果を出したとき、本人の前だけでなく他者の前でも褒めるように努力している。	A B C	A B C	A B C
		3	報連相の重要性や周知事項を知らせるだけでなく、これらを守らない同僚・後輩にはきちんと注意している。	A B C	A B C	A B C
		4	後輩が仕事上の行き詰まりや悩みを抱えているときは、そのタイミングを逃さずに個別にアドバイス等行っている。	A B C	A B C	A B C
		5	後輩に任せられる仕事は責任と権限を明確にしたうえで行わせ、きちんと結果の評価もしている。	A B C	A B C	A B C
企画力	患者や部署、病院全体に対して何かプラスになることを考え、提案しそれを実行する能力	1	収益増や業務の質の向上に寄与できるような事柄を考え、現状を改善するようなプランの提案を行っている。	A B C	A B C	A B C
		2	短期的ではなく、中・長期的な視野からものごとを眺め、形だけではない実践的な戦略と計画を立案しようと努力している。	A B C	A B C	A B C
		3	問題解決システム構築のために多くの人からアイディアを得るよう努力している。	A B C	A B C	A B C
		4	具体的な改善提案やプロジェクトチームの創設を会議やミーティングの場面で自ら積極的に提案している。	A B C	A B C	A B C
		5	改善提案等に関して、実行に向けての熱意があり、方法を具体化したうえで皆に理解させるよう行動している。	A B C	A B C	A B C

※ 1等級は「コミュニケーション力」まで、2・3等級は「指導力」まで、4等級はすべての項目を評価される

能力考課の判定表

評価項目	定義		ディクショナリー	自己評価	一次評価	二次評価
知識	職務遂行に必要とされる知識や情報・ノウハウ	1	担当専門分野の必要な知識を十分に有しており、その知識は周囲を納得させ得るもので、どのような質問にも的確に答えている。	A B C	A B C	A B C
		2	患者・家族・職員等にその持っている知識を活用しながら必要な情報を的確に伝えている。	A B C	A B C	A B C
		3	病院の理念および各部署の機能、特徴を熟知して行動している。	A B C	A B C	A B C
		4	勉強会やカンファレンス、読書等において学習、習得した知識についてはなんらかの形で実務に反映している。	A B C	A B C	A B C
		5	就業規則や院内諸規定、事務作業処理手続きの概要を知っている。	A B C	A B C	A B C
状況判断力	その場の状況雰囲気を察知し、物事や事象の状況を見極める能力	1	病院のおかれている環境状況から今、早急に取り組まなければならない目標等を十分に認識し、適宜適切に判断し対応している。	A B C	A B C	A B C
		2	現状の分析に基づき近い将来発生しうる問題を予測し、的確な手段や方法を選択し、実施している。	A B C	A B C	A B C
		3	業務の優先順位や重要度の判断は常に的確であり、トラブル発生時は、いち早く判断し対処している。	A B C	A B C	A B C
		4	業務に必要な情報を適切に取捨選択し、職務遂行に反映している。	A B C	A B C	A B C
		5	職務遂行過程において発生するさまざまな問題に対して患者等のニーズもよく把握しながら判断し対処している。	A B C	A B C	A B C
コミュニケーション力	自分の考えや意図を相手に的確に伝え、相手とスムーズに会話し意思疎通を図る能力	1	言葉や態度に誠意がこもっており、相手の感情を害さずに自分の意思や目的を適切に伝えている。	A B C	A B C	A B C
		2	日常業務の遂行にあたり、関連部署および関係者との人間関係を良好に保ち、コミュニケーションを適切に行っている。	A B C	A B C	A B C
		3	電子メールや電話などを駆使し、内外関係者との業務遂行を密に行っており、コミュニケーション不足はない。	A B C	A B C	A B C
		4	患者・他者対応においては、言葉のみならず文書等も上手に使用し、わかりやすい説明が行われている。	A B C	A B C	A B C
		5	難しい問題でも、いつも明るく相手に不快感を与えることなく、関係者とコミュニケーションを適切に行い、交渉をまとめている。	A B C	A B C	A B C

資格等級定義とも連動しており、各等級に求められる役割を果たしているかどうかがこの考課によって評価されていることになる。

※昇給判定では、専門的な業務評価よりも情意・能力考課を重視している。これは理事長といえどもおのおのの専門性を判定することはできないと考えているため。

補足：以前は手書きのメモで、まるで「主任の閻魔帳《えんま》」のようだったが、今ではシステム上で職員が自分の行動記録と評価を確認できるため、納得感が向上している。

③病院目標（自主目標）

職能資格等級が3・4等級の職員は病院や部署の目標に基づいたものに沿って自主目標を設定する。

※評価は半年ごとに0～200点で行い、平均は125点程度。150点以上の場合は賞与が増額され、50点以下の場合は減額される。2024年度上期の評価対象者は57人、うち17人が高評価で賞与が増額された。

④学習シート

職能資格等級1・2等級の職員にとって義務となる毎月1枚の学習シートの提出。
※提出が遅れると規律性の評価が下がり昇給に影響するため遅延は少ない。ネット等からのコピー防止のため紙ベースで提出。しっかりと学習した形跡が見られた場合には、賞与が1％程度上乗せされる。

〜役職者〜

役職者自身も役職者人事考課制度の被考課者となる。役職者の人事考課のサイクルは一律に4月から翌年3月の1年間となり、昇給月は4月と固定されている。

①自主目標

職位にもよるが、主任、係長、課長の場合は2つの年度目標を設定。目標は年度ごとの病院目標や部門目標に連動するものを1つ、任意に考えてよいものを1つ。
※自主目標設定後の4月下旬に理事長と部長らが協議して目標の難易度を設定し、役職者に通知。この際、簡単な目標だと判断されれば難易度は低く、難しい目標の場

合は難易度を高く設定。

※主任は9月に自主目標の達成状況を理事長、部長を前にしてプレゼンし、指導やアドバイスを受ける。係長以上にはこのような中間時のプレゼンはない。

※翌年3月に最終プレゼンを行ったあとに理事長、部長で協議して評価を決定。評価は80~150点の間で、難易度との掛け算で最終評価が決まる。難易度が高いものであれば一部未達であっても評価は高くなる場合がある。その結果をもとに次年度の夏の賞与を決定する。評価点が高いほど賞与は多くなる。

②職務考課

職位ごとに求められる職務そのものの状態を評価。評価が高い人ほど次年度の基本給が高くなる。

病院ごとに事情は千差万別 最初からすべてがうまくいく正解はない

本書では、私の病院が実践して成果を上げた事例を紹介していますが、これらはどの病院でも共通して使えるものではありません。場合によっては、私たち以上の成果を上げる病院もあるはずです。各病院の状況は千差万別で共通の「正解」はありません。

例えば新型コロナウイルスが流行した際も、国から指針は示されたものの、病院ごとに対応には違いがありました。私の病院では当初、感染の疑いがある患者のみを一時的に受け入れ、陽性が確認された場合はほかの病院に転院していただくという対応をしていました。しかし、感染が全国で急速に広がるなか、私たちも全面的に受け入れる体制に切り替えました。その結果、補助金を受け取ることができました。

中には、補助金を受けながらもあまり積極的に動かなかった病院もあり、そうした病院では患者が減少しましたが、私たちの病院はコロナ以前と変わらない患者数を維持し、むしろ増えています。ほかの病院で受け入れられなかった患者が私たちの病院に流れてきたこともありました。

病院によっては、診療科目の違いなどからコロナ病床を準備することができず、結果として補助金の対象にならず、廃業を考えているところもあると聞きます。それぞれの病院がおかれた状況や医師の考え方が異なるのは当然のことで、「正解」は一つではありません。新型コロナ感染症の診療を恐れていた医師も多くいましたが、そうしたことも一人ひとりの価値観の違いです。私がこのように客観的に見られるのは、理事長でありながら医師ではないからだと思います。感染者の受け入れにしても、病院の方針や経営者の考えが反映されるため、すべての病院に通じる「正解」はありません。

医療者ではない私が理事長としてできることは、苦手意識をもつ医師が多い病院経営や人材育成などの分野をサポートすることです。医師は医療に精通していても、経営や行政には詳しくないことが多いので、そこを補完するのが私の役割だと考えています。医師でない理事長は全国的にも珍しく、北海道ではほとんど例がないと聞いています。このような立場だからこそ、経営に関わる分野での感度を高く持つことができるのだと思います。

もちろん、医療ミスや患者とのトラブルが起きた際には、私一人で対応するのではなく、専門職に任せるべきです。その際には院長や医師の助言を仰ぎながら進めます。医療も経営も完璧にこなす理事長はまれです。私は、病院の経営向上には人材育成が必須であり、職員をしっかり教育することが重要だと考えています。

第 3 章

職員が納得感を得られる制度づくりが大切

病院の人材不足を解消する“スゴイ人事考課制度”5つのポイント

長期的な視点を持って取り組む

私の病院は人事考課制度を導入するまで、本格的な教育制度や評価制度はまったくありませんでした。私自身も事務方として入職した当初は積極的に取り組む気持ちが薄かったのが正直なところです。当時、周辺の病院もほとんど同じような状況だったと思います。その後、人事考課制度が病院機能評価の要件の一つだと分かり、看護部長の提案で少しずつ準備を進めました。当時は前例がなかったため、各部門で勉強しながら、まずは試行的に取り組んでみることにしたと記憶しています。

今の私は病院経営者と医業経営コンサルタントという2つの顔を持っています。コンサルタントの資格を取る前は事務長として専門家の指導を受ける立場でしたが、今ではコンサルタントの視点から自らの経営を見ています。

コンサルタントにはそれぞれ得意分野があります。例えば、労務管理に強い人や給与体系の構築に詳しい人など、分野によって専門性が異なります。そのため病院は自分たちのニーズに合ったコンサルタントを選びますが、契約期間は1〜3年もしくはプロジェクトごとと比較的短期間が多いです。なんらかのシステムを導入しても、それを使いこなすのは病院側に委ねられることが多いのが実情です。

しかし、私たち病院側としては「導入して終わり」ではなく、システムを継続的に改善しながら運用していきたいと考えています。そのため、コンサルタントには短期的な視点だけでなく、中長期的な視点でともに歩んでほしいと思っています。私が病院経営者としてコンサルタントの視点を持つことの最大の利点は、長期的な視点で物事を考えられる点です。

振り返ると、人事考課制度をしっかりと続けてきたことが、経営の質向上につながったことは確かです。また、職員に目標を持たせ、働きやすい環境と成果に応じた処遇を提供することで結果としてスタッフの質やモチベーションが上がり、これが経営がうまくいくための大きな要素であることを深く考えさせられました。

医療現場は労働集約型の産業であり、医療機器の高度化よりも人材の質が大きく影響すると個人的には考えています。看護師にも力量の差があり、優れた看護師が多いほうが患者にとっても医師にとっても良い結果をもたらします。下級者を中級者に、そして上級者に育てるためには、教育と適切な評価が欠かせません。それが、私の病院が目指す人事考課の根本です。

常に心がけているのは、職員が納得できる公正で明確な制度を構築することです。経営者だけの満足では意味がありません。人事考課を導入したから経営が良くなるのではなく、職員が納得できる制度を取り入れたからこそ、経営が良くなるのです。

小手先のテクニックは後回しでよい

私の病院の人事考課制度の導入は、医療従事者にとって当初は抵抗感が強いものでした。職員たちは評価されることに慣れておらず、制度の導入は一種のカルチャーショックになっていたのです。この制度の目的は職員の指導や育成にあるという意義を理解してもらうのは簡単ではありませんでした。そこで、「できていない点を適切に指摘することが、最終的には患者の利益につながる」という説明を繰り返し行いました。

また、評価基準が主任ごとに異なることで職員に不利が生じないように評価の標準化にも取り組みました。主任たちに対して評価基準の統一を図る教育を行い、評価制度の目的や効果について小手先のテクニックではなく丁寧に説明しました。そして、職員の納得を得られたら評価結果が処遇に反映されることを明確に伝えました。

２０１８年9月からは、外部の人事コンサルタントの協力を得て給与制度の見直しを開始しました。客観的な視点から、初任給が低く昇給額が高いことや、手当が多岐にわたる点、そして、職能資格等級と給与額の不一致が指摘されました。これらの問題を改善するために、新しい給与制度を導入し、特に若年層の採用力を高めるために初任給を引き上げて昇給額のバランスを見直しました。

さらに、手当の種類を整理し、基本給に組み入れることで給与体系をシンプルにしました。これによって職能資格等級と給与額の整合性が確保され、評価制度と給与制度の関連性が強化されました。その結果、職能資格等級ごとに適切な昇給が行われるようになりました。また、人事考課システムを導入し、行動観察メモを入力することで情意・

能力考課が自動的に判定される仕組みを整えました。このシステムにより、一次評価、二次評価、最終評価が行われ、その結果が昇給額に直接反映されるようになりました。
同様に課業評価もシステムに入力し、これが昇級判定の材料となります。課業評価は昇給額には影響しませんが、昇級に関する重要な要素として考慮され、通常は3~5年で次の等級へ昇級します。最終的な昇級の有無は昇級判定会議で決定され、職員にとって公平で透明性の高い仕組みを目指しています。

自主目標制度も一部見直しを行い、特に50点以下の得点者には賞与の減額措置を導入して、従来の制度よりも成果主義に基づいた評価体制を強化しました。また、以前はあった2等級職員の目標設定に関する制度を廃止し、3等級以上の職員には学習シートの提出義務を課さないことで、職員の負担軽減を図っています。

私たちの病院で採用している職能資格等級の定義は、各等級の役割や業務内容が明確に示されており、職員が現在の職位で何をすべきか、昇級の条件は何かが一目で分かるようになっています。特に2等級以上の職員には「指導力」と「問題改善力」、4等級以上では「企画力」が求められます。等級が上がるごとに評価される能力考課の項目が増えます。この仕組みを通じて、組織全体が一丸となって成長できるよう、職員一人ひとりの成長を支援しています。

【人事考課制度の実践・基礎編】

ポイント1 評価目的の明確化

・納得される評価は主任への適切な指導・育成次第

私の病院では、一般職員の昇給のタイミングが、入職時期によって4月と10月に分かれています。人事考課は、主任が一次評価を行い、係長や課長が二次評価を担当します。総合評価は「昇級判定会議」で理事長、部長が決定します。年に2回、5月と11月に開かれるこの会議では、一般職員の次年度の基本給額(4、5月分の給与は標準的な給与を暫定的に支給し、6月の給与で調整する)と、職能資格等級の昇級要件を備えた職員の昇級の有無が決定されます。

人事考課の流れ（課業評価、情意・能力考課）

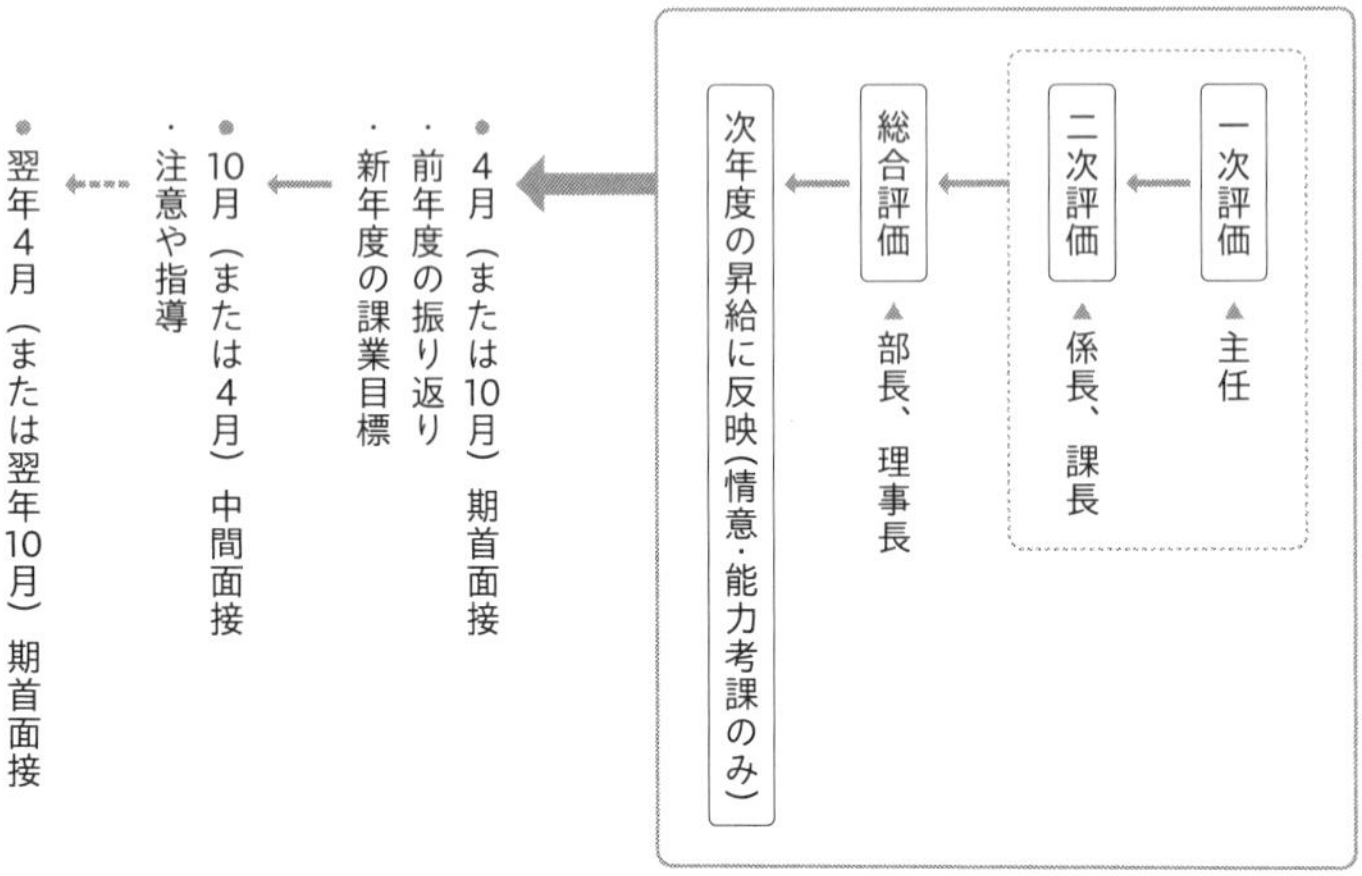

4月昇給者は4月に期首面接を行い、新年度の課業目標や必要なレベルを具体的に確認します。それと同時に、前年度の評価や自主目標も振り返ります。各主任は面接の際、被面接者の意見や発言を引き出すよう工夫しており、面接の結果次第で評価ランクが変わることもあります。最終的な評価は、自主目標は「評価点決定会議」、昇給額や昇級の有無は「昇級判定会議」で決定されることも伝えられます。

4月昇級者の場合、10月には中間面接が行われ、その時点での注意や指導がなされます。そして、翌年4月に新年度の期首面接が再び行われます。このサイクルは基本的に毎年繰り返されますが、10月昇給者はそのスケジュールが半年ずれるだけです。

必要に応じて主任との1on1ミーティングも実施され、その内容は人事考課システムに記録されます。奇数月には役職者を対象に考課者訓練があり、評価ルールの確認や行動観察の標準化を行い、9月と3月には模擬面接演習が行われます。この演習では、主任が作成した事例をもとに面接実務を体験し、課長クラスが指導します。

面接の実務では、イエスやノーでは答えられないような質問となるオープンクエスチョンを用いて部下の意見を引き出すことや、一次評価と本人評価との違いが生じた場合の対処法などを学びます。主任の評価スキルには差があるため、主任への適切な指導・育成が欠かせません。特に経験の浅い主任には、マニュアルを使用することを認めつつも自己流の進行を禁じています。初めは課長クラスが同席して指導を行い、慣れると主任もマニュアルどおりの面接ができるようになります。

評価の一貫性を保ち、かつ職員が納得するためにも、主任にはマニュアルを厳守させつつ模擬面接演習に注力してもらっています。初めての面接がうまくいかないこともありますが、指導と経験を重ねることで主任たちはスムーズに対応できるようになります。

私が事務長として試行錯誤していた頃に比べて、現在の主任たちの面接スキルは格段に向上しています。大切なのは、こうした伝統や文化を次の世代に継承する仕組みを整えていくことです。

・「なぜ人事考課を行うのか」職員の理解促進を図る

人事考課制度を導入する前、私たちの病院では職員たちが自分の業務がどの程度できているかを正確に把握するための基準がありませんでした。そのため、自分は十分にできていると考える職員がいる一方で、しっかり仕事をしているにもかかわらず、力不足だと感じてしまう職員もいました。

例えば、日本の製造業、とりわけ自動車産業が世界的に高い評価を得ている理由の一つには、個々の部品加工技術の優秀さだけでなく、それを支えるミクロン単位での精密な測定技術があるといわれています。部品が高精度で作られているからこそ最終製品が高品質に仕上がるのです。この考え方は職場でも同様で、職員一人ひとりの力を客観的かつ公平に評価できる仕組みがあれば、能力を正しく見極めることができます。この仕組みの一つとして「人事考課制度」があるのです。人事考課を通じて、各職員の弱点が明らかになれば克服するために努力すればよいですし、長所が認識されればさらに自信を持って仕事に取り組むことができます。

人事考課が効果を発揮するためには、職員にその目的や狙いをしっかり理解してもらうことが重要です。新しく入職する職員に対しては、入職後1週間以内に入職時面接を行います。入職時には、採用時オリエンテーションで人事考課の概要を説明し、さらに面接では考課のスケジュールや賃金表の見方（私の病院では賃金表がオープンになっています）、職能資格等級の説明などを詳しく行います。

中途採用職員は、採用面接の段階で前歴換算に基づいた「仮格付等級」に了解したうえで入職しますが、その等級が適切かどうかは、6~11カ月の間に行う課業評価を通じて判断されます。もし評価の結果、仮格付の等級が高すぎると判断された場合には、本格付の際に1等級下げることがあります。

さらに、3等級以上の職員には自主目標を設定してもらいます。一方で、1・2等級の職員には、自主目標を立てるよりも、病院職員として守るべき3つの目標（①進んで挨拶をする、②常に患者を優先する、③きちんとした報告・連絡・相談をする）を示し、これらを守るよう指導します。そして毎月勉強したことを学習シートに手書きで記入し提出してもらいます。

3等級以上の職員の自主目標は、自己評価シートに記載された3つのベクトルに沿って設定されます。3つのベクトルとは、病院全体の目標である、①考えて自主的に行動する、②学会発表や院内発表などの学術活動を充実させる、③院内のコミュニケーションを活発にする、に関連するものです。

課業評価や情意・能力考課は年に1回評価が行われますが、自主目標に関しては年に2回、目標設定と評価が行われ、それぞれ夏季、冬季賞与に反映され、高評価を得た職員には賞与が増額される仕組みです。

面接は、人事考課システム上の自身の評価、3・4等級の場合は上期または下期の自主目標を振り返るところから始まります。その際、例えば「〇〇さんの上期（下期）の目標は△△でしたね。自己評価をしていただきましたが、その評価理由や反省点があればお聞かせください」といった形で話を進めます。

自主目標について、一次評価では定性的目標に対して次のような基準をベースとします。

・非常によく達成できている（基準点＋30点）
・よく達成できている（基準点＋10～20点）
・よくできている（基準点どおりの評価とするものの、±10点はつけてよい）
・もう少し努力する必要あり（基準点－10～20点）
・根本的に見直す必要あり（基準点－30点）

評価段階は10点刻みです。定量的目標については事前に内部で定めている基準をもとに、その基準を上回ったかどうかを判定します。例えば、「学会発表を行う」という目標に関しては、基準点１３０点、最大評価点１５０点という基準があり、通常の場合その範囲内で得点化されていきます。評価点には考課者個人の特性が反映されます。しかし、長年やっているので、評価点決定の際に大きく意見が割れることはあまりありません。ただし「10点にこだわる」議論が白熱する場合もあります。いずれにしても、最終的には評価点決定会議で決まります。

・ただ人事考課をやっているというレベルを脱却する

人事考課の最初のアプローチである面接は、ただやればよいという性質のものではありません。前期に立てた目標を振り返り、上司、部下とともに評価を実施し、そのすり合わせを行い、改善点や目標にしてもらいたいことを部下に考えてもらう機会とします。同時に、上司はアドバイスを与えモチベーションアップを図ります。人事考課とは詰まるところ、この繰り返しです。

人事考課制度を導入したものの、うまく運用できていない病院の多くはこうしたサイクルによる効果に思いが至らず、漫然と評価をつける作業を進めています。そうした施設では制度そのものがやがて形骸化し、いつの間にか省みられなくなります。

面接は面接そのものよりも、その前の準備こそが大切だといわれています。面接が得意でない担当者ほど準備の時間が不足しているのかもしれません。面接には準備期間も含め、相当な時間を要することを前提に日々の業務フローを効率化していかなければならないのです。

人事考課の基本的なタームは1年です。ただし、自主目標は6カ月単位で指導、評価

人事考課制度のあゆみ

2007年度	人事考課開始	評価項目：課業評価、情意・能力考課、学習シート
2009年度	職能資格等級定義を定める	等級ごとの標準滞留年数と昇級判定要件を決定
2011年度	自主目標の設定	3・4等級の職員に、半期ごとの自主目標を設定させる
2012年度	自主目標への処遇反映	自主目標の高評価者に対し賞与を増額することを開始
2015年度	改定	課業一覧表と職能要件書の改定
2019年度	給与表改定（一般職）処遇反映	給与表を全面的に改定（一般職のみ）し、情意・能力考課の結果を昇給に反映
2020年度	給与表改定（役職者）処遇反映	役職者人事考課制度を開始 役職者の給与表を全面的に改定し、職務考課の結果を昇給に反映 自主目標の結果を翌年度夏季賞与に反映
2022年度	ペーパーレス化・効率化	人事情報管理システムを導入し、紙による人事考課を廃止

されます。昇給月に行う面接が目標面接、半年後に行う面接が中間面接です。考課者と被考課者の間で話さなければならない内容はやや異なりますが、人事考課の基本はあくまでも職員の指導と評価であるため、大きな違いはありません。

私の病院では、導入当初から漫然とした人事考課ではなく、明快な目的を持って進めてきました。その歩みは上の表のとおりです。

このように、お仕着せのような人事考課を続けるのではなく、ブラッシュアップを重ね、職員の意見も取り入れながら実効性のある仕組みとしていくことに努めています。その基本方針は現在も変わりません。

・職員に納得してもらうことが大切

人事考課制度の導入当初は自分の評価に納得しない職員が多かったようです。また、制度自体を面倒だと感じる職員も少なくありませんでした。

現在は、人事考課制度に対する不満を訴える職員よりも評価を受け入れている職員のほうがかなり多いと感じています。新しく入職する職員は人事考課が当たり前であることを理解しているケースが増えていることも一因です。2009年度に、全病院で職能資格等級の定義を制定したことも職員の理解を促すうえで重要な役割を果たしました。以前の職能資格等級制度は曖昧でしたが、人事考課制度の導入から2年が経過し、部署ごとの基準の違いが問題になっていたため、明確な定義が必要だと判断したのです。

各等級の役割を見直し、一覧表を作成して職員に説明しました。さらに、中途入職者の基本給決定の大きな材料となる前歴換算の方法を標準化して、これまで部署ごとに異なっていた換算方法を統一しました。これにより、職能資格等級や昇級判定の一貫性が確保され、職員の納得度が高まりました。

各等級における滞留年数についても、等級ごとの最短・標準・最長を部署ごとに決定し、2009年には課業・職能要件書に合わせる形で基準を設定しました。等級の難易度は部署ごとに異なるために滞留年数も異なっていましたが、一律に昇級させる方式を見直し、一次考課者の判断に委ねることを明確にしました。現在では賃金表と連動しており、要件を満たせずに昇級できないケースもあり、事実上「最長」の概念はなくなっています。

現在の職能資格等級制度は、次のように運用されています。

1等級：上司や先輩の指示のもと、基本的な業務を行います。

2等級：1等級と同様ですが、要点のみの指示が増え、後輩への指導も行います。

3等級：定型的な業務を主体的に行い、後輩の指導や業務改善にも取り組みます。

4等級（一般職）：3等級と同じ業務ですが、さらに高いレベルで遂行し、協調性が求められます。
4等級（専門・専任職）：担当分野で指導的な役割を果たします。
4等級（チーフ職）：主任補佐としてリーダーシップを発揮し、同僚や後輩の指導・育成にも責任を持ちます。

これまでは既存の資料をそのまま職能資格等級定義として活用していましたが、2012年度には病院独自の定義に改定し、考課者ごとの差が生じないよう配慮しました。2019年度には、職種ごとの給与号俸表を全面改定し、昇級時期の判定を厳格に管理する体制を整えています。2020年度にはこれまであったチーフ、専門・専任職以外に4等級一般職制度を新設しました。

私たちの病院では、人事考課制度は職員を評価するだけでなく指導者を育成するための手段でもあります。この姿勢が職員に理解され、納得してもらえるようになったのではないかと考えています。

ポイント２　評価の標準化

・職員が公平感を持てない評価は逆効果

人事考課制度を導入した際、職員の理解が得にくかった理由の一つは、「自分はもっと高く評価されるはずだと思っていたのに実際は意外と低かった」という評価への不満と制度自体への抵抗感があったからだと感じています。

考課する側も最初は不慣れで不安を与えた部分も大きかったはずです。だからこそ、考課者の教育に力を入れました。最初は少なからずあった職員の抵抗感も、回を重ねるごとに評価の説得力が増していき、薄れていったのだと思います。例えば人事考課の要となる課業評価は職員の専門能力に対するものですが、導入当初は考課者によって評価が厳しかったり、甘かったりとばらつきが目立ちました。

私の病院の課業評価では、二次考課者の評価がそのまま最終評価となり、専門性の評価調整は誰にもできないため、自分の評価が他部署と比べて厳しいのではないかと感じる職員もいました。しかし、職員の評価をAにするかBにするかは、課長クラスが何度も話し合いを重ねて決める仕組みなので、異動後も公平な評価がされるように配慮しています。実際、異動に伴って業務内容が変わっても、経験が活かされ、評価が大きく変動することはありません。以前は異動後の課長によって評価が甘くなったりからくなったりすることがありましたが、今ではそうした不公平を防ぐため、部門内で評価基準の統一を図っています。

・考課者の育成に注力

人事考課を受ける職員がこの制度について実感するのは上司との評価面接の場です。面接で何を指導され、何に共感され、どう評価されるかは最大の関心事です。そこで考課者には、導入当初から「自分が話すのではなく、職員の話を聞くこと」を心がけるよう強調してきました。しかし、主任になりたての考課者にはそれが難しく、自分が一生懸命話してしまって傾聴ができない者も少なくありません。場数を踏むうちに話す量が減り、職員に話をさせるようになりますが、これを体得させるために模擬面接演習を繰り返し行っています。ベテラン主任の面接を見ることや同じ研修参加者からの評価も非常に有効です。

このように、私の病院では考課者の育成に注力しています。面接力と指導力を向上させるため、年に2回の模擬面接演習と2カ月に1回の考課者訓練を実施しています。人事考課制度は継続的に職員を育成することで経営目標を達成するためのものです。職員を適切に評価できる考課者の育成が必要なのです。

模擬面接演習の導入当初は、面接マニュアルを片手にたどたどしい面接をしていました。幹部も首をかしげる場面が少なくなく、A評価の必須要件である行動観察メモ（評価の裏付けとなる記録）がないままA評価をつけるなどといったルール違反も見受けられました。

主任という役職は共通ですが考課者の性格や個性はさまざまで、同じ面接の展開はありません。模擬面接は一つひとつが異なる事例研究となり、考課者も指導者も面接の精度を上げるために苦労しました。しかし「習うより慣れよ」の言葉どおり、繰り返し演習を続けることでレベルは徐々に向上していきました。

新たに主任になる考課者はこの面接で鍛えられた者たちです。かつては考課を受ける側だった彼らが今度は面接する側に回るのです。模擬面接演習のレベルも向上し、初期のハードルは年々低くなり、演習を経験した主任たちは本番に自信を持つようになっています。

2カ月に1回の考課者訓練は、一次考課者の行動観察メモの記入ルールの確認や、情意・能力考課の評価基準を統一することを目的としています。模擬面接演習だけでも考課者・指導者の双方に負担がかかっていたため、当初は訓練を行っていませんでしたが適正な運用のためにこの訓練を始めました。行動観察メモを正確に記入し、理事長から指摘やアドバイスを受けることで、考課者はメモの精度を上げていきます。こうして人事考課のルールを誤解なく運用できるよう努めています。

紙ベースでの運用からペーパーレスの人材マネジメントシステムに移行してからは、一部のルールが自動化されましたが、メモの書き方がばらばらになる問題が生じました。そこで、理事長権限で統一基準を設け、標準化を図るための議論が行われました。考課者訓練はルールの確認が目的でしたが、現在は改善に向けた取り組みに変化しているなど、隔月の考課者訓練を人事考課に限定しない役職者研修として活用しています。

・正しく評価することの大切さ

人事考課の一つである情意考課は、仕事に対する姿勢や考え方を評価するものです。この項目は客観的な基準を統一しにくい面がありますが、経営理念や行動指針を反映させることができるため多くの経営者が重視しています。また、職員の「自覚」を評価する側面もあり、「規律性」「責任性」「協調性」「積極性」の４つの領域で評価や指導が行われます。例えば「協調性」という項目について、「あなたには協調性があります」「ありません」という言葉だけでは正しい評価にはなりません。客観的な根拠がないからです。これらは、事実に基づいた評価を行うことを導入時から徹底しています。一例として、誰もが忙しい時に「私がやります」と手を挙げた職員がいた場合、その行動を行動観察メモに記録し、それに基づいて評価するよう指導しています。職員側もその行動が評価されると理解すれば同じことを繰り返して評価されようとします。これは育成指導にもつながります。

私の病院における人事考課の中心には行動観察メモがあります。初期の頃は、これらのメモは職員には公開していませんでしたが、DX化を進めて人材マネジメントシステムを導入したことで、職員はいつでも自分の考課ページで確認できるようになりました。つまり、面接の前から職員は自分の評価を把握できるようになったのです。これにより、人事考課がスピーディーかつリアルに、しかも透明性を確保しながら進められるようになりました。それでも、同じ行動でも考課者によって評価が変わる可能性はあります。そのため、すべての行動観察メモを私が確認し、最低限の誤りを修正する体制を整えています。例えば、「協調性」と書かれている内容が実際には「積極性」だったり、「規律性」と書かれているものが「責任性」に該当したりすることもあります。こうした誤りは、私がフィードバックを行うことでメモが独り歩きしないようにしています。ただしメモに書かれていないことは修正できません。実際、考課者によって評価項目にばらつきが生じることもあります。ある考課者は責任性ばかり評価し、また別の考課者は問題改善力に偏るといったことがあります。このばらつきをなくして標準化するために、考課者ごとの傾向をレーダーチャートにまとめてフィードバックを行っています。

54～57ページで情意考課、能力考課の表を示しましたが、各項目は「ABC」の選択肢で評価されます。基本的にはB評価が標準で、約8割がBに収まります。例えば、情意考課の「規律性」のディクショナリー3番「業務上の秘密保持や指示・命令をよく守っている」についてA評価を与えるためには、上司による具体的な行動観察メモがあることが必須というルールがあります。ほかのすべての項目についても同様に行動観察メモがエビデンスとなり、これに基づいてA評価がつけられるというのが私の病院における人事考課のルールです。

・課業評価と情意・能力考課の2つで構成される評価軸

人事考課制度の評価軸は「課業評価」と「情意・能力考課」の2つで成り立っています。このうち「課業評価」は、規律を守るための仕事ではなく、担当する専門業務の遂行能力を評価します。大切なのは「何が課業か」という点です。すべてが明文化されているわけではありませんが、基本的に職種ごとの業務内容に従って行う仕事が「課業」となります。

課業の難易度は職能資格等級ごとに異なり、低い等級の職員には容易な業務が、高い等級の職員には高度な業務が求められます。その内容は「課業・職能要件書」に記載され、そこには求められる業務水準や参考にすべきマニュアル等も示されています。選択する課業内容は被面接者に委ねられますが、下位等級の職員には面接者の指導が必要です。ただし、課業の達成基準は書面上の目標であり、実際には面接のなかで、その意味を深く理解していくことが大事です。だからこそ面接者の力量が重要であり、私の病院ではこれを「目標面接」と呼んでいます。

課業遂行にはOJT（オン・ザ・ジョブ・トレーニング）やマニュアルの理解が必須なので、OJTは役職者や上級者が行い、マニュアルは職員が個別に参照します。資料やマニュアルを通じて職員は必要な知識やスキルを把握できます。

課業の評価は年間で行われますが、年に一度だけの評価では間延びするため、半年後に中間面接を実施し、意識を持続させています。課業は「援」1つ、「独」3つ、「完」1つのバランスで選択し、昇級に関連するためにルールは厳守されます。「援」業務は援助を受けつつ遂行できればB評価、独力でできればA評価、援助を受けても困難であればＣ評価となります。「独」についても同様で、独力でできればＢ評価、他者に指導できればＡ評価です。「完」は基本的にはＢ・Ｃ評価しかつきません。成果を上げた職員にはＡ評価を積極的に与え、それが数年に一度の昇級（職能資格等級が上がること）にも影響します。専門業務の遂行能力が低い職員を上位の等級に昇級させるわけにはいかないからです。

情意考課は、職業人としての「自覚」を評価し指導するものです。情意考課の定義や内容は、私の病院の理念に基づき、慎重に作成されています。評価の大部分はＢ評価となることが予想されますが、ＡやＣ評価をつけるためには行動観察メモが必要です。評価基準はディクショナリーに基づき、１つでもＡ（Ｃ）評価観察項目があればそのままＡ（Ｃ）評価となり、何もなければＢ評価です。同じディクショナリー内にＡ評価とＣ評価が混在する場合は、Ｂ評価となります。情意考課はすべての等級で全項目評価され、上位等級者ほど高いレベルが求められます。

能力考課は職務遂行能力を評価し、職能資格等級に連動しています。情意考課とは異なり、等級に応じて求められる能力が異なります。１等級はコミュニケーション力まで、

2・3等級は指導力まで、4等級はすべての項目が判定されます。評価基準は情意考課と同様に、ディクショナリーに基づきます。ディクショナリーの難易度は高いものもあるため、1等級の職員にはディクショナリーの4と5にC評価がつくのが標準の評価となります。2等級ではディクショナリーの5はC評価が標準の評価となりますが、それ以外はB評価が標準となります。3・4等級ではすべての項目でB評価以上が推奨されますが、弱点を補うための指導が行われます。

能力考課は、情意考課と違い、職能資格等級ごとに判定水準が設定されます。1等級での4と5、2等級での5のディクショナリーは、Cが標準の評価（そこまでは求めていないという意味）となるのです。

ポイント3 制度改善の習慣化

・職員満足度調査で出た意見を反映

私の病院が人事考課に取り組む狙いの一つは仕事に対する職員の納得度を高めること

にあります。それと同時に職員が私の病院をどう思っているかを正しく把握しておかないと、適切な施策が打てません。そこで年に1回、職員満足度調査を行っています。

初めての調査では、取りまとめた担当者がもて余すほどたくさんの不満が寄せられました。なかには、経営陣にとって痛いところを突かれる指摘もありました。そこから浮かび上がったことの一つに、経営陣が知る由もなかったサービス残業の実態がありました。

私の病院の基本的な業務時間は午前9時から午後5時です。しかし健康診断を行う部署は受診者が8時30分に並び始めます。となると、関連部署の担当者も8時30分に来ていないと業務が間に合いません。事実上の前残業が発生していました。言われてみれば確かにそのとおりです。そこで、業務上に特段の支障がなければ8時30分から4時30分とか、8時から4時というシフトをつくればいいのではないかという改善策を検討し実行しました。

それでも、残業を余儀なくされるようであれば、時間外手当をきちんと出すと説明すれば職員は納得してくれるのです。そういう、経営陣が気づきにくい現場の不安や不満を満足度調査から取り上げて、一つひとつ改善していくことで職員の納得度向上につなげていきました。人事考課以外のことについても、このように改善する姿勢は重要だと考えています。

・制度の継続とブラッシュアップが決め手

当たり前のことですが、私の病院が人事考課制度を取り入れたときは、事務方である私も実際に考課にあたる担当者も初めての試みですから、ほぼ手探りのような状態でした。中でも、それまでまったく人事考課に携わったことのない主任クラスにとっては、かなりハードな仕事であったと思います。

実際、1、2回済ませた段階で「辞めたい」とか「手に余る」と訴える役職者が何人かいました。おそらくそういう声が出るだろうなと予測していたものの、現実的な反響として突き付けられると、少したじろぎました。「始める以上、絶対にやめない」と宣言して導入している以上、彼らには「頑張って」と励ますしかありません。当初はそんなことで思い悩んでいました。

しかし、何事もそうですが、初めはうまくいかなくても、続けているうちに良い意味での慣れが出てきます。慣れてしまえば、それまで10のエネルギーをかけてやっていたことが8の力でこなせるようになります。役職者自身がそのことを体感として気づき始めてからは導入時ほどの苦労をすることなく作業を進められるようになりました。この経験で「慣れ」の大切さを改めて痛感しました。

ブラッシュアップは強力なリーダーシップとともに、人事考課制度を推進していくための基本的な要素と考えていたので、当初は私のほうから「こんなふうにしたいのだけど、どうだろう」などと彼らに働きかけていました。これも「慣れ」の効果といえますが、現在では役職者のほうから「ここのやり方が少しまずいと思うので、こう変えたいのだけれども、どうでしょうか」といった意見がどんどん上がってくるようになったのです。なかには「こういうふうにしました」と報告を受ける段階に至るケースもありま す。つまり、制度の改正については私の手を離れつつあるのです。役職者自身がブラッシュアップをしてくれるようになってきたことが、私の病院における人事考課制度のいちばん誇れる点ではないかと思います。

ここで役職者が主体的に行ったブラッシュアップの例を挙げます。

情意考課の表で規律性や責任性などの評価項目の定義に続いて5つのディクショナリーを設けていますが、それに基づく行動観察メモは書き方も内容も担当者によって異なります。実態は異なるというよりまちまちです。そこで、各職員や主任たちの話し合いで代表的な例文集を1年がかりでつくり上げました。一種のテンプレートです。判断に迷ったときに役に立ち、記述する際の道しるべになるものです。

主任クラスが中心となり、さまざまなケースを想定してルールや書き方を標準化したのです。彼らが主体的かつ自律的に取り組んだ成果ですから、詳しい仕組みを知らないのは私だけという状況です。

ほかにも、評価点決定会議において必ず問われるような内容を、あらかじめ目標面接時にチェックすべく、確認するポイントをテンプレート化したという改善もありました。自主目標は職員が自由に設定できますが、実は業務改善、勉強会の開催およびマニュアル作成を志向する割合が実際には高くなります。そこで、これは課長クラスによるブラッシュアップなのですが、事前にチェック項目をテンプレート化しました。例えば業務改善においては、①何を改善するか、どういう成果が得られるか、②１人で行うか、チームで行うか、どういう行動をするか、③改善までに要する期間、について期首の目標面接で確認され、記録されることとなりました。自主目標は半年単位での評価となるので、半年後には成果判定を行います。

面接においては①〜③の結果に加えて、④改善後の他者の反応、⑤半年間の自主性、⑥（期中に自主性がなかった場合）一次考課者がアプローチしたあとの自主性、⑦役職者を含む他者の介入度、が確認されます。これらがテンプレート化されるまでは、評価点決定会議においていちいち確認しなければならず、会議が長引く傾向がありました。

そこでこれらの項目を別シートに記入してもらい、事前に提出資料としてもらうことで業務改善に至るまでのプロセスを見える化することができたのです。現在では、これらの内容は人事情報管理システムの中に、入力すべき事項として設定されています。評価点決定会議では大型スクリーンにそれらの情報を映しながら共有できるため、極めて短時間で状況を把握できるようになっています。紙ベースだった頃は、一枚の紙を限られた時間内で多くの役職者がチェックしたあとに会議に臨んでいたため、会議の前の参加者の準備時間もばかにならないものでした。今では業務改善事例や勉強会のスライド、作成マニュアルなども会議前に人事情報管理システムにアップされ、おのおのが自席で作成物や確認事項の詳細なチェックができます。実はこの成果物情報のシステムへのアップも、私が指示したことではなく役職者が判断して行ったことです。すでにブラッシュアップは私の手を離れているともいえます。

・定期的な1on1ミーティングが大切

職員に対する人事考課面接は基本的に毎年4月と10月に実施します。この時期になるとどこかの会議室で誰かが面談を行っている状況ですが、それだけでは十分ではありません。年2回の面談では評価を伝える場として機能するだけにとどまってしまうのです。そのため、いつ誰が始めたかは定かではありませんが、補完する目的で、部署によっては約2カ月に1回「1on1ミーティング」という15分程度の短いミーティングが行われるようになりました。これは上層部の指示ではなく、主任が自発的に取り組んでいるものです。

私の病院の人事考課制度では、「課業評価」と「情意・能力考課」という2つの大きな項目が定められています。これらはすべての職員に共通していますが、3・4等級の職員には自主的に目標を立てることが求められています。人事考課の期間は1年間ですが、自主目標は半年ごとに評価されます。職員は病院の理念に基づいた3つのベクトルに沿って個人目標を設定しており、その進捗確認やアドバイスの場としても1on1ミーティングが活用されています。このミーティングは、自主目標の達成に向けてフォローが必要な職員をサポートするためにも有効です。制度化されてはいませんが、どの部署でも積極的に実施されています。

また、1on1ミーティングの最大の成果は、評価と処遇の連動を促進させたことかもしれません。3等級以上の職員に課せられる自主目標は賞与と連動しており、150点を取ると賞与が10％、160点を取ると20％増額される仕組みです。まれに180点などの高得点が出る場合もあります。賞与が10％以上増額される職員は対象者全体の約30％であり、彼らは自分の職務に自信を持っていますし、最近ではプラス処遇の対象者も増加傾向にあります。しかし、〝戦略的に〟150点を狙いやすい目標が存在するため、今後は経営側で目標設定プロセスの見直しを進め、不適切な評価を避ける方法を検討しています。

具体的には、マニュアル作成が一つの戦略として挙げられますが、既存のマニュアルを再作成することが目的化しないよう注意が必要です。そのため、２０２３年度には新たにマニュアル委員会を設立して新ルールを導入しました。職員が新たに自主目標を設定する際に既存のマニュアルを再度作成することなどができないようにし、実質的でない目標設定を防ぐことを目指しています。

・目的に応じて項目を変えることの繰り返し

人事考課制度の導入から6年経った２０１３年度は翌２０１４年度に行う人事制度の大幅な改定を見越して人事検討委員会を発足させました。２０１２年度段階では、一連の流れを所属長会議で検討していたのですが、人数が多かったことや若手課長クラスの育成を兼ねたチャレンジングな会議にしたかったことなどから、少数精鋭の人事検討委員会を立ち上げることにしたのです。検討成果は計画どおり、２０１４年度に花開きますが、その準備期間にあたる２０１３年度にはいくつかの大きな見直しを行いました。

第一に、模擬面接演習の講師を変えました。発足以来、講師役を務めていた私に代えて、課長クラスに講師役を委ねることにしました。若手課長クラスの育成の一環でもあります。

第二に、コンピテンシー評価を廃止し、情意・能力考課を採用することにしました。それまでは行動観察メモをつけてもらい、その記録内容に基づいて評価するコンピテンシー評価を基本としていましたが、

①考課者（あるいは、所属部署の特性）によって観察メモ数にかなりの差があった
②どのような行動をメモするのかの基準が曖昧だった
③行動観察メモのデータベースを毎年のように作成していながらも、観察項目の誤りが多数発生するなど、難易度の高さが問題になっていた
④同じような行動でも、考課者の特性で判定レベルが左右されやすかった
⑤そもそも評価項目を増やすべきだ、との声があった

などの理由から、現在の情意・能力考課を導入したのです。これに伴い、判定基準も簡

便なものとし、これまではできるだけ多くの行動をメモするようにしていたものを、B評価は記録しなくてもよいことにしました。併せて、能力考課は職能資格等級が上がるごとに評価項目を増やす形にしました。

第三に、昇級判定のルールを明確化しました。これまでは昇級は課長クラスの判断に任せていましたが、昇級判定会議の決定とすることをルール化し、判定基準も明確化しました。

第四に、人事考課表の書式を変更しました。コンピテンシー評価を情意・能力考課に変えたこと、課業評価の評価単位をこれまでの半年から1年に変えたこと、病院目標（自主目標）を人事考課表から切り分け、自己評価シートで運用するようにしたことなどにより、書式を変更する必要が生じたためです。

2014年度には前年度に実施した変更を受け、さらに踏み込んだ見直しをしています。

まず、人事考課表の書式のさらなる変更をしました。課業目標は運用上問題となっていた部分を手直しし、情意・能力考課における評価レベルの文言のうちBを「問題なし」、Cを「課題あり」などの表現に改めました。

次に、情意・能力考課の評価基準を公開しました。特に能力考課において、1等級の職員にとってはディクショナリーの4と5、2等級の職員にとっては5の難易度が高いために基本的にはC評価がついてしまいます。すると、職員がネガティブにとらえたり、考課者自身が行動観察メモのつけ方に悩んだりすることがあるため、基本的な評価基準を全職員に開示しました。

そして、自己目標の140点獲得者に賞与増額の道を拓きました。本来の評価対象である150点まであと一歩という意味で努力賞的な増額ができる可能性を設けたのです。

2015年度の見直しのハイライトは人事考課表のフォーマットを再度変更したことです。具体的には、課業評価における一次評価において、従来のB評価を3つに分け、新たにB^{+}、B^{-}、Bという段階を設けました。B評価を細分化したことによって、主任もより細やかな指導を行うことができ、職員の感じ方が変わったのではないかと思います。

B^{+}は、もう少し頑張ればA評価をもらえるという励みになります。B^{-}はこのままだとC評価になるから、もっと頑張らなければといった意識を芽生えさせるはずです。

自主目標に関しては、期首の評価点決定会議が最終評価の出来を低く読み違えるケースがみられてきたため、期末の状況によっては最大評価点を会議の中での検討においてのみ（役職者の一次、二次評価にはその権限を与えない）10点までは超えてもよいというルールに変更しました。

私の病院はこうした形で、目的に応じて人事考課の項目や内容を変えることに柔軟に取り組んでいます。

・定期的な職員アンケートで職員のモチベーションを確認

私の病院では、2018年頃から職員の満足度調査を行っています。職員の生の声を聞きながら問題のある部分は改善することで職員満足度を高めるのが狙いです。満足度が高まればモチベーションが向上し、離職率の低下につながると考えたからです。当初は独自のアンケートを実施していましたが、自院だけでなく、全国のほかの病院と比較対照できる座標軸があったほうがよいという思いから、ここ数年はある民間会社のアンケートを用いて職員の意識を確かめています。アンケート結果からは実にさまざまな課題が見えてきます。経営サイドが知ることもなかったサービス残業やハラスメントの実態、人事考課の負担、待遇に対する不満などが浮き彫りになるのです。なかには簡単に解決できない課題もありますが、書かれていることを真摯に受け止め、できることから少しずつ改善していくという姿勢で臨みました。

調査から明らかになったことの一つに休日に関する意識があります。私の病院は4週6休の勤務体制をとっています。つまり、完全週休二日制ではないため、ほかの病院よりも休日が少ないのです。このことが毎回、浮き彫りになります。

とはいえ、簡単に休日を増やすことはできません。極端なことをいえば、労働時間を短縮した分給料が下がることと引き換えでもよいのかという議論になります。完全週休二日でないことは入職時に分かっているはずと言っては身も蓋もないため、一つの解決策としてリフレッシュ休暇という制度を設けました。

年に2、3日の休みをできるだけ土日や有休と組み合わせることで1週間程度の長期

職員満足度調査結果（令和4年10月実施分）

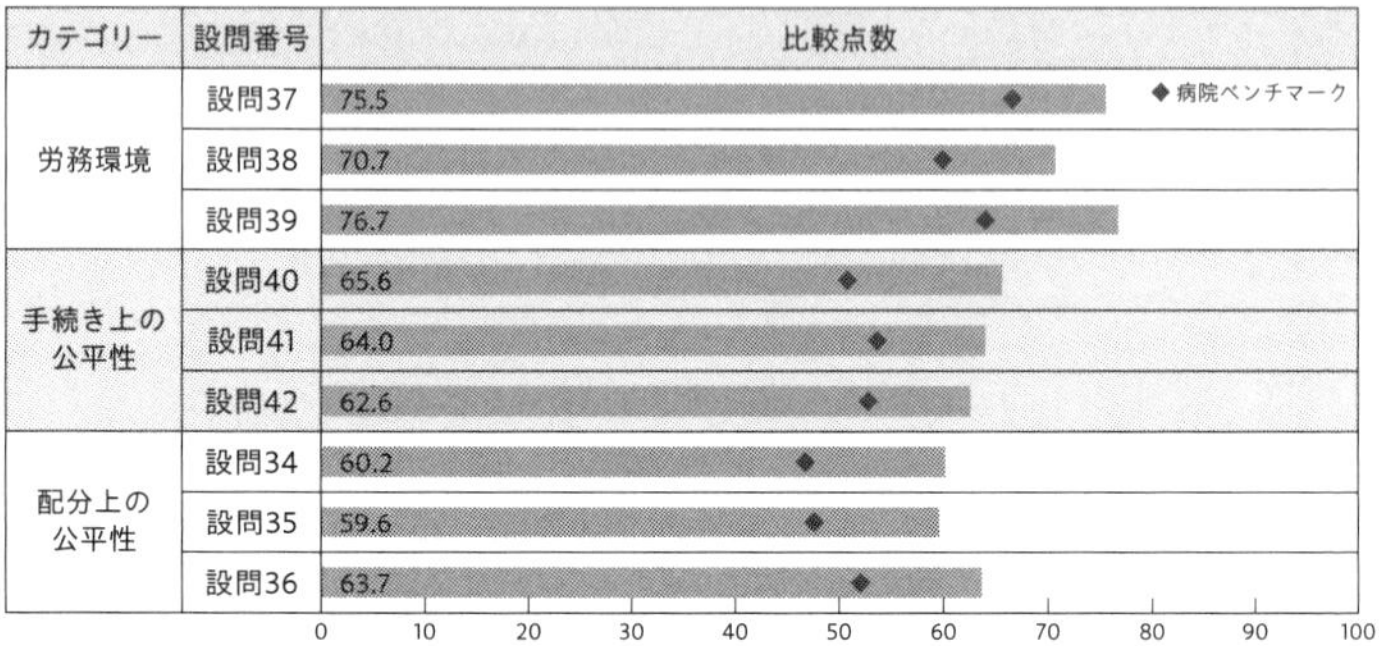

カテゴリー	設問番号	設問文
労務環境	設問37	私の勤務体系・日時（シフト）は、私の希望に近い
	設問38	私は、適切な時間で仕事を終えることができている
	設問39	私は、必要な時に休暇を取ることができている
手続き上の公平性	設問40	個人の仕事上の努力や貢献について、当院の評価基準は明示されている
	設問41	当院における自分の仕事の評価は客観的に行われている
	設問42	当院では、自分の仕事上の努力や貢献を、評価者や直属の上司に主張することができる
配分上の公平性	設問34	当院の給与は、個人の仕事上の努力や貢献を反映している
	設問35	当院の昇進は、個人の仕事上の努力や貢献を反映している
	設問36	当院では、個人の仕事上の努力や貢献に応じて、次の重要な仕事やチャンスが与えられている

休暇が取れるように配慮したものです。このような小さな積み重ねが職員の満足度を上げていくのに貢献しているのではないかと考えています。

アンケートを行うことで、経営側が行っている改善策が職員に響いているかどうか、ほかの医療機関と比べて満足度はどれくらいかなどを具体的に知ることができました。単なる不満の解消にとどまらず、今後の病院の方向性を考えるうえでも非常に役立ちました。

初期のアンケートでは、多くの回答者が「職員が定着しない」という問題を指摘していました。病棟では慢性的な人手不足が続いており、その結果、夕方に患者を入院させることに対して拒否反応が強まり、業務の円滑な運営に支障をきたす状況が生じていました。当時の看護部長には、紹介料発生を気にすることなく業者から看護職員を紹介してもらうように指示していましたが、なかなか思いどおりにはいきませんでした。これを受けて、後任の看護部長はまずは役職者ばかりでなく、一般職員との面談を増やすことで離職防止に努めています。

職員アンケートはいくつかのカテゴリーに分類されますが、近年はとりわけ労務環境、上司への信頼、上司の公平な対応、配分上の公平性などに対してベンチマークと比較して高い評価を得られたと分析しています。それは、これまでの活動が職員に評価されていることの表れであると考えます。職員が増えた分、当然人件費も増えていますが、平均年齢が下がっているため、想定していたよりも人件費の伸びは少なく、結果として病院の利益率も上がりました。

・一般職員ばかりでなく役職者にも広げた人事考課

人事考課を始めた当初は一般職員だけを対象として役職者は外していました。誰が評価するのかといった問題もありました。しかし、役職者間でも職階に応じて課長や部長を指導するということは行われていたので一般職員と同じような仕組みを取り入れるべきではないかという声が折に触れて出るようになりました。

当時、一般職員の人事考課制度と給与制度を連動させようという動きがあり、このタイミングで役職者の給与表も新たに整備していくべきではないかという論議が起きました。そこで役職者にも人事考課制度を導入しようということになったのです。つまり、役職者自身も人事考課制度の被考課者となるわけです。一般職員と同じように考課は処遇と連動しており、自主目標の結果は翌年度の夏季賞与に、職務考課の結果は次年度の基本給に反映されます。その結果、役職者の意識は明らかに変わりました。

役職者は一般職員に比べて幅広い業務に携わることができ、相応の権限も持っています。課長クラスは、部長クラスの承認を得られれば病院全体の業績向上に寄与するような活動にも関わることができます。また、役職者の自主目標は賞与と連動しており、その努力の成果が報酬に反映される仕組みです。例えば検査件数の増加や患者数の増加、ヒヤリハットの減少など、現場ごとに異なる成果が出ています。

こうした役職者が増えることで、病院の経営や運営がより活性化されているように感じます。自主目標と病院全体の目標が連動しているため、役職者が目標を達成すれば病院全体が向上するという効果が生まれています。役職者に対する人事考課制度を導入した結果、私自身が予想していなかった大きな成果を実感しました。しかしながら一部の部署においては、職員に比べて役職者の数が不足しているなどの理由から、役職者の負担が増えているという現実も見られました。そのため、２０２５年度からは負担の少ない制度に変更することが決まっています。単に制度を整えて実行すればよいだけではなく、時に立ち止まって業務を軽減しなければならないことを私自身が痛感する出来事でもありました。今後、役職者の目標は、個人単位ではなく部門目標に連動する部署目標とし、所属する役職者全員で意識する目標へと変更になります。ゆるやかにでもよいから意識し達成していくという、負担の少ない方向性としました。

・「日々改善」を支える組織風土を築く

私の病院の人事考課は各役職者や経営者が決定権を持つのではなく、合議によって最終評価を決める体制を長年にわたってとってきました。こうした風土が根付いているためか、部署間の垣根は非常に低いと思います。

併せて、部署間での打ち合わせや問題解決に役職者が積極的に関わり、働きやすい職場にしていったという、数字には表れない効果を導いたとも考えています。

人事考課のブラッシュアップは、かつては経営者クラスが決定していましたが、役職者は現場での職員指導から評価点決定までのさまざまな段階に携わっており、制度への理解が深いことから積極的に関わっています。

近年では、テーマを与えて考課制度そのもののブラッシュアップに参画させているため、役職者の当事者意識が増しているようにも思います。

私の病院では、頻繁に会議が開かれています。2つの会議室は朝から晩まで埋まっている状態です。正式な会議ではない打ち合わせやミーティングの類も含めれば、院内のどこかで、なんらかの話し合いが持たれているはずです。

看護部が新人教育のための研修を行うといった使い方は当たり前ですが、実にさまざまな職種のスタッフが集まって会議をしているのは日常的な光景です。

病院が全体で取り組む大きなイベントの企画会議や人事考課に関するブラッシュアップのための会議、健康診断を効率的に運営していくための定例会議なども開かれます。

特に健康診断については担当事務部門だけでなく、放射線課や検査課などが集まり、受診者を効率よく案内するための手順や注意点などをきめ細かく打ち合わせています。

イベントの話し合いも健康診断の打ち合わせも1つの課ではなく、多職種が関わります。人事考課における集まりが多職種で行われていたため、業務改善の話し合いも多職種で行うのが当たり前という組織風土が自ずとできてきたのだと思います。これも、部署間の垣根が低いことを示す一例です。

部署間の垣根の低さゆえの活発な会議開催は人事考課の一連の活動がもたらした風土改革の好例だと思います。もっとも、自由に会議を開催できてしまうことには弊害もあるため、最近は会議発足は許可制となり、あり方についても管理されていくことになっています。

ポイント4　病院目標との連動

・目標を具体的に設定することの大切さ

私が人事考課制度を導入した当初は制度と病院経営を離して考えていました。しかし、一般職員が目標を立てる際に「そもそも、うちはどういう病院になりたいのかという目標がない」という声が出始めたのです。私の病院には確固とした理念がありますし、理念に基づいて人事考課制度を始めたのですが、病院として「こうなりたい」という目標がなかったのはそのとおりです。

そこで、あるコンサルタントに相談して、5年間の中長期目標の下に単年度の目標をおく体制を整えることにしました。その仕組みを役職者の人事考課目標と連動する形にするという狙いもありました。病院の単年度目標の下には看護部、診療技術部、事務部の各部門目標が設けられます。各部門目標の下には部門ごとの各課目標が設けられます。

組織目標→各個人目標　フロー

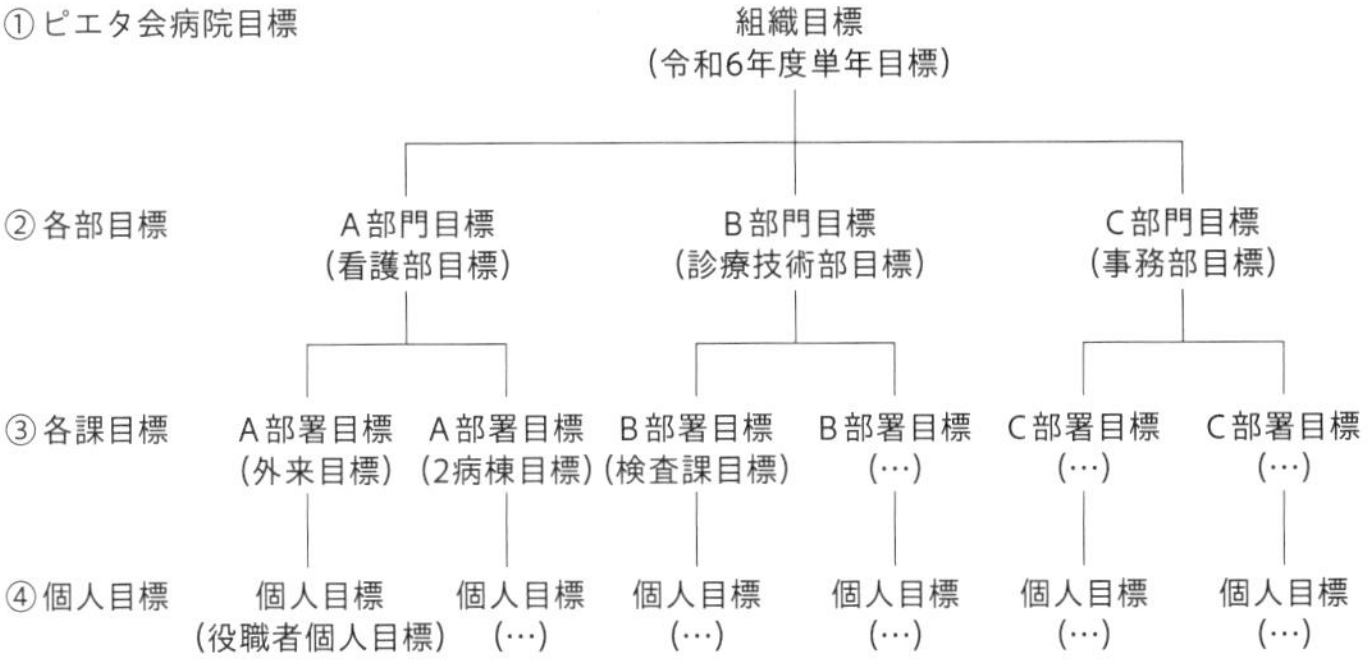

役職者は各課目標を受ける形で個人目標を立てます。課長たちは課の目的と連動する自主目標を一つは立てなければなりません。そのような、さまざまな目標が連鎖するような仕組みをつくり上げました。

各個人における病院目標は原則として自身が設定する自主目標であるべきですが、1・2等級の職員にとって必要な条件を満たす自主目標の設定は難しいため、病院が決定する病院目標の遵守を心がけさせています。3等級以上の職員には全員自主目標を設定してもらいます。

目標は定量的目標と定性的目標に大別されます。定量的目標は成果を数値で測定できるものであり、目標の種類、内容ごとに基本的な評価基準と最大評価基準がテンプレート化されています。評価点決定会議ではこの2つを基準に評価が行われ、半年後の最終評価点が決定されます。特に期首の目標認識を誤り、想定以上の成果が出た場合、最大評価点を10点超えて評価することも可能です。

一方、定性的目標は成果を数値で測るのが難しいため、面接の場で目標達成のための行動計画や理想的な結果を確認します。これによって職員の達成欲求を刺激し、目標達成率を向上させることが期待されます。

評価点決定会議では、過去のテンプレートに従って翌期の基準点がつけられますが、面接で把握した詳細な情報に基づき、加点が行われる場合もあります。また同時に、前期の自主目標の成果を評価し、最終評価点を決定します。評価点決定会議のメンバーは課長以上で構成され、公平な評価を行う姿勢や他部署の業務を理解する知識、異なる意見を受け入れる能力が求められます。主任以上の役職者はオブザーバーとして会議に参加することができ、必要に応じて質問されることもあります。質疑を経て最終評価は担当課長が決定することを原則としています。ただ、非常に高い評価点が見込まれる場合は理事長が決定することもあります。

最終評価で１５０点以上を獲得した職員には賞与が増額され、１４０点以上の職員には努力賞としての意味合いで賞与がわずかに増額されます。２０１９年度からは、50点以下の職員には賞与が減額される制度が導入されましたが、導入後対象となった職員はいません。

・部門目標、部署目標、個人目標を連動させる

私の病院では、部門や部署ごとに目標が設定されており、これらは病院の不変の理念に基づいてつくられています。しかし、理念が変わらない以上、数年が経過すると新たな目標を設定する際にマンネリ化が避けられず、実質的に目標が形骸化してしまう危険があります。このままでは、目標設定がただの形式にすぎず、実効性が失われる恐れがあります。それを避けるために導入したのが中長期計画に基づいて立てた病院目標を各部門、各部署、各個人の目標に連動させる仕組みです。

組織目標から各個人目標に至る流れを看護部のケースを例に見ていきます。

看護部の目標に基づいた外来の部署目標

①外来診療における看護業務の効率化を図る
- 問診システムの導入
- RPAに移行できる業務の抽出・実行
- 待ち時間調査、昨年との比較
- 入院時オリエンテーションで動画の活用・説明内容の病棟とのすり合わせ（重複しているものや省略できるものを解決していく）

②訪問診療・訪問看護件数の維持・安定化を図る
- 訪問診療・訪問看護の制度について理解し、患者家族に情報提供ができる
- 円滑に訪問につなげられる運用フローの活用
- 地域包括ケア病床管理料引き上げ要件の理解（毎月の訪問事業利用者数の把握）

③看護実践能力の向上
- 患者の立場に立った接遇ができる（ニーズをとらえる力・意思決定を支える力を意識した関わり）
- ACPについての理解を深める（学習から実践につなげる）
- 関連社会福祉法人と事例研究会（年間2例）

看護部の目標に基づいた外来の部署目標を踏まえた役職者の個人目標（例）

Aさん

個人目標

外来業務整理を行い
効率化を図る

具体的な取り組み

- 各科の業務内容について把握し、多職種連携を図り、タスクシフト・タスクシェアを行う
- 事前問診の医療DXを導入する

Bさん

個人目標

外来看護師の役割を明確化し、
在宅療養支援を行う

具体的な取り組み

- 各科チームリーダー制の導入
- 在宅療養支援が必要な患者の情報共有のシステムを構築する（病院全体）

病院の中長期計画から始まる部門目標、部署目標、個人目標はこうした流れで連動し、職員一人ひとりの取り組みが病院全体の活性化に反映されるようになっている。

2024年度　病院の単年度目標―担当業務のスキルアップ

目標の3つの柱

❶	❷	❸
法人内部・各部門との連携強化	地域から求められる業務の実践	コスト意識を持つ ＝ 自身の処遇に結びつく

各部門へ（例：看護部の場合）

看護部の目標　6項目

①「思いやりのある」接遇とコミュニケーション
- 病院の職員としてふさわしい接遇の充実（挨拶・言葉遣い・身だしなみ・態度）
- 医療従事者としての倫理観、コミュニケーションの充実

② 地域連携、入退院支援の促進
- 入退院支援の実践強化（患者の全体像とニーズ理解、情報管理の整備、カンファレンスの活性化、ICF活用、訪問診療・看護の件数増）
- 地域と顔の見える関係性の継続（認知症カフェ、出前講座、地域会議などの参画）
- 法人間連携の強化（地域包括支援センター、ケアプランセンター、訪問看護ステーション、関連社会福祉法人）

③ 看護業務の効率化、安全性・生産性の向上
- 全部署間のタスクシフト・シェアの推進継続
- 看護実践の可視化と業務改善（業務量・質評価を看護実践および看護管理に活用）
- 看護DX化（病棟インカムシステム、説明動画、新ナースコールシステムの導入など）
- 転倒転落、薬剤、指示受け、患者誤認のインシデント減少

④ 経営への参画
- 病床管理（目標稼働率：障害者病床97%、一般病床93%、地域包括ケア病床99%）
- 地域包括ケア病棟1への引き上げ、診療報酬改定における加算の取得
- コスト削減

⑤ 教育活動を通し、自律した看護職員の育成
- 日本看護協会クリニカルラダーに沿った院内外教育の推進
- 人材活用の推進（介護福祉士の専門性発揮、外国人技能実習生、スペシャリストの育成）
- 診療科、看護単位の専門性を発揮した実践力の向上
- 院外学会発表（目標3演題）

⑥ 健康で安全な職場づくり
- 働き方改革とワークライフバランスを意識した業務遂行（計画的な有給休暇、適正な時間外勤務管理）
- メンタルヘルス、ハラスメントを意識した職場づくり
- 柔軟な応援体制から安全な看護体制・勤務体制につなげる
- 看護師、看護補助者の採用と定着に向けた取り組み

・病院目標と個人目標のベクトルを合わせる意義と効果

病院目標と個人目標の間には、部門目標や部署目標があります。当時、この仕組みを整える際に、まず5年間の長期目標を設定し、それに基づいて個人目標を立てることが自然で取り組みやすい方法ではないかと考えました。役職者の自主目標を部署目標と連動させることで目標を連鎖させやすくするという議論も行われました。

例えば総務課の部署目標が「ＤＸシステムを導入して労務管理を効率化する」だとします。この場合、課長クラスの役職者は、その目標に基づいて「どのシステムをいつまでに導入し、どのように運用するか」という具体的な個人目標を立てます。このように、個人目標が部署目標と連動する形を取ることで、以前問題視されていた「目標設定の形骸化」を防ぐことができます。

私の病院は、道央エリアの札幌市北側に位置し、病床数１１０床、透析ベッド数45床、職員数２６０人（パート含む）の地域密着型の医療施設です。内科、消化器内科、循環器内科、漢方内科、外科・肛門外科、整形外科、泌尿器科など、多岐にわたる診療科を有していますが、救急車が頻繁に来るような病院ではありません。そのため、病院とし

訪問看護利用者数の推移

訪問看護ステーションの利用者は、介護保険、医療保険ともに増加傾向

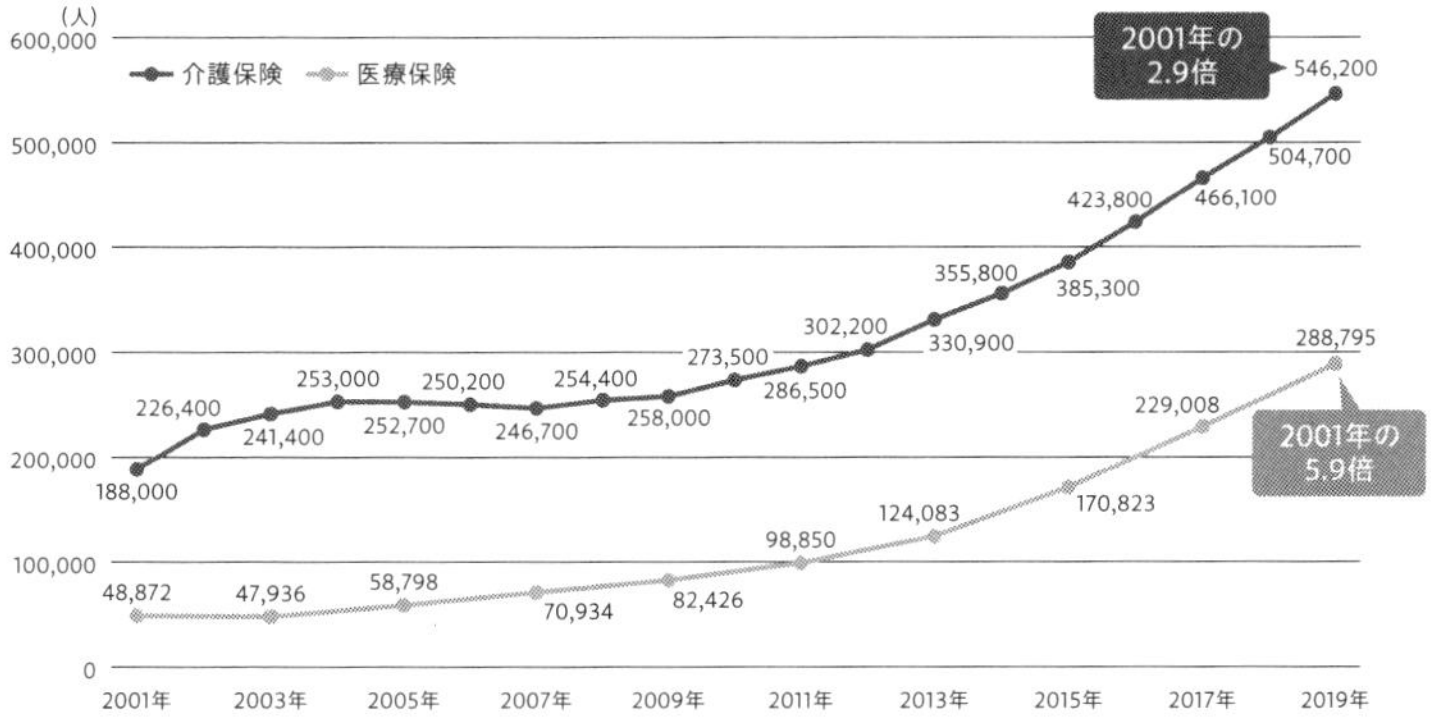

出典：介護給付費実態調査（各年5月審査分）、訪問看護療養費実態調査（2001年のみ8月、他は6月審査分より推計）

厚生労働省「第４回在宅医療及び医療・介護連携に関するワーキンググループ資料（令和４年７月20日）」をもとに作成

ては「地域住民に、救急対応以外のどのような医療サービスを提供すべきか」という視点を重視しています。

地域に根ざした医療という観点から、今後力を入れるべき分野の一つが訪問診療です。病院の理念である「良質な医療」と「患者への思いやり」を大切にする姿勢が、この方針を支える基盤となっています。この訪問診療を病院目標と個人目標の観点から考えると、例えば看護部は「訪問診療を担当する医師をどのようにサポートするか」という具体的な目標を設定することができます。

私の病院は訪問診療ばかりでなく訪問看護にも取り組んでいるので、実際に訪問看護ステーションの運営にあたるのは看護部の役割になります。つまり、病院目標に部署目標を通じて取り組むことになるのです。言葉を換えれば、一連の動きは看護部職員が「自分事」としてとらえているのです。

一方で、役職者の立てた個人目標に基づくアクションが病院目標と連動するという見方もできます。実際、そのようなケースが増えています。システムそのものが自分事としやすくなっているのだと思います。その結果、病院目標と個人目標のベクトルがうまく合うことで、役職者のモチベーションも高まっているとみています。

・率直な意見を交わせる、年2回の人事考課面談

私の病院の昇給月は4月と10月に分かれています。考課の対象期間は1年で、4月昇給者にとって、4月の面談は前年度の評価結果を聞く場であり、同時に今年度の目標設定の確認の場でもあります。4月昇給者は10月に中間面接を受け、期首に立てた目標の半年間の進捗を確認します。

よくできている項目もあれば、未達成の項目もあり、考課者である主任は「この目標は達成できている」「ここは改善が必要なので、残り半年で挽回してほしい」と具体的に話します。職員は業務中に上司に聞きづらい質問を抱えることが多く、「少し迷っていることがあります」「どう対応すべきか悩んでいるのですが」といったことを率直に尋ねることができるのがこの面談の利点です。また、質問に加え、部署の運営に対して「こう改善すれば成果が上がるのでは」といった前向きな意見も受け付けられます。

この面談は年2回の機会ということもあり、職員は半年分の思いを訴えることが多く、面談時間が予想以上に長くなることがあります。開始前は30分程度と見積もっていても、1時間を超えることは珍しくなく、時には2時間近くかかることもあります。考課者は基本的に聞き役に徹し、必要に応じてコメントをしますが、それでも対応人数を考えると非常に大変な労力であることは確かです。それだけ濃密な話し合いが行われている証拠ともいえます。

なお、役職者に対する面談はありません。ただし必要に応じて1on1ミーティングを部長との間で行うことはあります。2025年度以降は、全部門とも2カ月に1回の部長との1on1ミーティングを行うことに統一されます。

2024年度までは、主任クラスは自主目標に対して、9月頃に中間プレゼンテーションを行い、「ここまで達成しました」「これが未達です」と半年間の進捗を報告していました。部長クラス以上が聞き役となり、質問やアドバイスを行い、時には「このままではまずい」と叱咤《しった》激励をすることもありました。係長以上は中間プレゼンテーションがなく、翌年3月に行われる期末プレゼンテーション1本で評価していました。このように、私の病院の人事考課制度は一般職員と役職者で異なっています。ただ前述のとおり、2025年度以降の役職者の人事考課は新しい制度へと変わります。

ポイント5 DXへの取り組み

・2022年度に導入した人事情報管理システムの効用

人事考課が処遇差に結び付かないことに対する職員の不満は人事考課制度が根付いていく過程で明らかになりました。これを解消するため、自主目標の高評価者に対して賞与を増額したり、情意・能力考課の結果を毎年の昇給額に反映させたりする仕組みを整えました。

職員の処遇に直結する人事考課を公平かつ正確に行うためには考課者の面接力や指導力が高い水準で維持されていなければなりません。そこで、年に２回の模擬面接演習や２カ月に１回の考課者訓練など、考課者である主任の育成・指導力を磨くための人事考課面接の標準化に努めています。

こうして取り組んできた人事考課に対する取り組みの一つとして２０２２年度に、従来の紙による人事考課を原則的に廃止し、人事情報管理システムに置き換えるペーパーレス化に挑みました。事務部門におけるＤＸ化の一環です。

人事考課制度を本格的に運用して15年近く経過した頃、従来は当たり前であった紙による運用にいくつかの問題点が出ていました。

・紙を準備し、配布すること、またそれを集めるのに時間がかかる
・人事考課表を紛失することがある（異動に伴う引き継ぎの不備や単なる紛失を含む）

・人事考課表がほかの職員に見られてしまう可能性がある
・行動観察メモと内部運用規定との照らし合わせが煩雑である（各評価を手で計算しなくてはならない）
・昇級判定時の内部運用規程との照らし合わせが煩雑である（昇級条件を満たしているかどうか、過去3年分の照合を要する）

といったことが顕在化していました。

ペーパーレス化はこうした問題を解決するばかりでなく、作業全体の効率化を図るうえで極めて有用であるとの判断によります。

人事情報管理システムの導入には前段部分の話があります。

人事考課をするうえで重要な事項となる情意・能力考課の評価に欠かせない行動観察メモを紙に書いていたのですが、考課者の立場からすると非常に重荷になるという声が少なくありませんでした。そこで、考課者の負担にならず、合理的に考課作業のできるシステムの独自開発を目指しました。院内でパソコン関係に詳しい職員と電子カルテのベンダーが打ち合わせをして、情意・能力考課の行動観察メモと評価だけをできるシステムを２０１９年度に導入したのです。

ところが、それでも使いづらさが解消できませんでした。理由は簡単で、いくらパソコン画面に表計算ソフトで作成した行動観察メモを表示しても、結局紙に印刷しなければ実際の面接の場に持ち込めないということになったからです。要するに、作業の過程でパソコンを活用しても最終的に紙に頼るようではまったくＤＸにはなっていないということです。

計画が暗礁に乗り上げかけた頃、たまたま訪れた事務機器の展示会で現在運用している人事情報管理システムを見つけました。その場で担当者の説明を受け、30分ほどで導入を決めました。ユーザーの目的に応じてカスタマイズできることも魅力でした。

このシステムの導入を即決した理由は次のとおりです。

・紙を印刷、配布する必要がないため、時間を短縮できる
・データを紛失する恐れがなく、かつ毎回のデータを蓄積し、常に参照できる
・フォーマットの加工が自由で、私の病院の人事考課の内容に合わせられる

課業内容

1. アセスメントの実施
2. 看護計画の立案
3. 看護介入の作成（観察、ケア、処置）
4. 看護計画の実施
5. 看護計画の評価

一次評価記入欄	一次評価	二次評価
* 看護過程の展開は出来るようになってきました。看護介入に対しても、不明点は都度先輩スタッフに確認を行いながら実践することが出来ていました。アセスメントについては、急に出来るものではないので、日々フィジカルアセスメントを意識しながら自己研	* B	* A
* アセスメントから看護計画の評価といった一連の看護過程はこの一年で着実に出来るようになりました。DST メンバーとして先輩に看護計画の修正依頼を行うことも頑張りました。今後はより個別性のあるケアの提供に期待しています。	* A	* A

ペーパーレス化の一環として取り組んだシステムへの置き換え例

1.　課業　　　習熟度

看護過程の実施　　　援

自己評価記入欄　　　自己評価

*　　　*

中間面接

日々の業務のなかで、アセスメントをもとに看護ケアや関わりを行うことができました。最初は処置内容を考えることも難しかったですが、患者さんの身体を観察して、発赤やなにか傷があった場合、必要な処置を介入に入れることができました。また、自分では判断できないような処置内容の場合は、先輩NSに一緒にみてもらい介入を考えています。看護計

C

*

最終面接

2 年目の後半になり、自身でアセスメントし必要な看護ケアを考え実施することができたと思います。また、必要時には先生に報告を行い指示を仰ぐことができたと思います。引き続き患者さんの全身状態の観察を行いアセスメントし、困ったときには先輩にすぐに確認し患者さんの安全を守っていけるようにしていきたいです。また、どの看護師が受け持

B

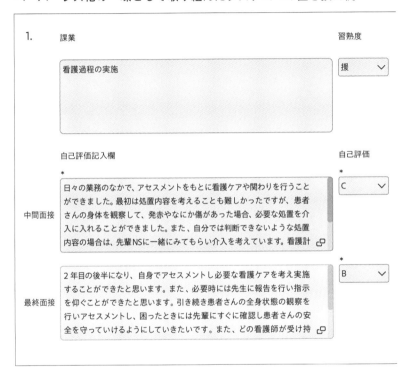

・職員を比較対照する際に便利な機能（シャッフルフェイス）を備えている
・役職者にとって、部下のパーソナルデータを容易に把握できる

運用開始まではシステムのプロファイルブック（個人情報）に載せる基本情報の抽出および入力、シート情報（より詳細な情報）の選択、職員への説明や顔写真撮影、パソコンの増設など、さまざまな準備を進めました。実際の運用は、同システムの「スマートレビュー」機能を活用したカスタマイズで対応しています。システム担当者に病院の人事考課制度や評価内容、評価要件をレクチャーし、それを基に作り込みを依頼しました。

これまで紙ベースで行っていた作業はすべてシステムでフォーマット化され、人事考課に伴う点数計算やルールも組み込まれています。例えば、「規律性」の2番でA評価とC評価が同じ期に同時に出た場合、相殺してB評価となるケースがありますが、判断に迷う場面もあります。これもシステムで設定しておけば、自動的にB評価になるようにプログラム化できます。

面接では役職者と職員がパソコンを見ながら話し合いを行い、紙に頼る必要がなくな

りました。このシステムでは本人、一次考課者、二次考課者が順番に評価を確定していくため、遅延がほぼなくなり、期日どおりに進むという利点もあります。昇級判定会議では、例えば2等級から3等級に上げる場合、以前は紙で点数を計算し、各自メモを取りながら昇級を判断していました。しかし、システム導入後は、全員が大型スクリーンに映し出された考課結果を基に、「この人は昇級、この人は見送り」といった検討ができるようになりました。

システム導入により、当初予想していなかった効果も得られました。まず、人事考課に対する役職者の意識が向上し、人事考課制度がさらに定着、効率化が進んだ結果、処遇に関する満足度の向上がアンケートで明らかになりました。

このシステムを導入するにあたっては、パソコンに詳しい事務職員が必要です。私たちが導入したのは、給与計算や勤怠管理のシステムではなく、人材の評価や抜擢《ばってき》、配置に特化したカスタマイズ型システムです。単なる社員名簿として使うのではなく、目的を明確に持つことが重要な留意点です。職員の横並び評価や異動、抜擢といった目的にも非常に有効で、研修レポートの提出や確認、コメントのやり取り、休職情報や産休・

育休データの管理、1on1ミーティングや臨時面談記録、給与データ、職能資格等級と号俸の管理など、応用範囲は非常に広いです。

システム導入による「無駄の削減と時間の短縮」は、「本来すべき仕事に集中でき、より価値のある業務に注力できる環境づくり」と表裏一体の関係にあるのです。

・守りから攻めの経営を促したペーパーレス化

私の病院がDX化の一環として導入した人事情報管理システムの大きな特徴は人事管理手法の基本と考えられてきたテキストではなく、職員の顔写真が並ぶインターフェイスを採用していることです。どの画面もずらりと並ぶ顔写真で構成されているため、情報を直感的につかめるのが利点で情報の検索や閲覧はマウス操作だけで済みます。産業界で数年前から取り組まれている働き方の変化は、人材管理における紙や表計算ソフトといった従来の運用方法にも及ぼうとしています。

こうした変化に伴い、人材情報の管理方法や評価の運用方法を見直す必要も出てきました。例えば、職員の人材配置に際して管理職が人材情報を見たいとき、従来型の仕組みだとその都度人事に依頼しなければなりません。また、人事評価をしようにも過去の評価履歴が分かりません。一方、人事は各所から問い合わせがくるたびに散在している中から目当ての資料探しをしなければなりません。

そこで、紙や表計算ソフトに頼る従来の作業をクラウド上で一元管理し、ペーパーレス化することにしました。職員は自分でなければできない価値のある業務に注力する環境を整えることができるようになります。その点では、私の病院には職場の実情に合わせた人事考課制度に取り組んできた歴史があったため、２０２２年に導入した人事情報管理システムへの置き換えは比較的順調に進めることができました。

このシステムはユーザーの実情に応じたカスタマイズができるため、人事評価、人材配置、目標管理、人材採用、人材育成、離職防止など、さまざまな情報を一まとめに管理することが可能です。システムの恩恵は、一元化・見える化・クラウド化によって、必要な人が必要な情報を必要なときに活用できる環境を整えられることにあります。

人事担当者は人事情報の共有や資料作成を容易にでき、評価シートの配布や進捗確認、集計などの手間も大幅に削減されます。上位の現場管理職は異動後の新しい部下情報がすぐに分かるだけでなく、所属メンバーの保有スキルや資格状況を把握し、業務の適切な割り振りに役立てることもできます。

ペーパーレス化によって、従来作業が格段に効率化できたのは導入の大きな成果です。例えば評価業務一つをとっても、紙本位の時代は書類の山との格闘を強いられることもありました。まずは記入がとても大変で進捗管理にも時間を要します。回収や集計、分析などにも手間がかかります。その履歴を管理するのにも骨が折れ、方法の引き継ぎも困難です。実際、不備があれば書類を差し戻し、表計算ソフトに転記しなければなりません。私の病院が導入した人事情報管理システムはそういう無駄を大幅に減らし、進捗の見える化とペーパーレス化を実現することができました。もちろんこれまで紙や表計算ソフトで行っていた作業はすべて再現可能です。

ただ、現在は人事考課を運用する目的にほぼ特化して活用しているものの、なかにはさまざまな個人情報が含まれています。そこで、セキュリティの一環として、職階や所属ごとに閲覧できる情報に制限をかけています。例えば、理事長やシステム担当者はすべての情報を閲覧できますが、課長クラスはここまでという制約を設けています。一般職員は自身の情報以外は他職員の所属先と顔写真程度にしかアクセスできません。もちろん、個人情報の漏洩や不正使用を防ぐための万全の策は講じています。

・最初からできなくてもいい、粘り強く続ける

人事考課制度の成否を左右するのは職員と直接接して指導や評価を行う主任クラスの意識と能力です。制度を形式的なイベントではなく、実質的な経営戦略の一環として機能させるかどうかは彼らの働きにかかっています。考課者という役目は、私自身はこれまで経験したことがないもので、立ち上げ時から携わった主任クラスの苦労は相当なものだったと思います。一方、事務方としても良い成果を得たいという思いから、難しいマニュアルを用意し、基本的にそのとおりに対応することを求めました。人事考課制度の目的は職員の指導・評価ですが、間接的には主任クラスの育成も狙っています。

主任クラスの指導や評価の基準にばらつきが出ないように徹底した標準化教育を施してきました。現在も行っている模擬面接演習や考課者訓練は、公平な処遇を実現するための重要な取り組みです。考課者となる主任は誰もが人事考課の素人です。これまでの

教育課程や職業人となってからもそのような専門教育を受けてはいません。そのため、最初から完璧を求めることはしていません。重要なのは、最初からできなくても、粘り強く続けることです。

こうした取り組みの成果は職員満足度調査などに表れています。人事考課制度は、一朝一夕に成果を得られるものではなく、試行錯誤を繰り返しながらブラッシュアップしていくことで徐々に成果が出るものだと思います。人事考課制度の導入前後に読んだいくつかの参考書には、定期的な考課者訓練の必要性が強調されていましたが、具体的な訓練内容については書かれていませんでした。業種や職種が異なる導入企業をひとくくりにできないからかもしれませんが、私たちは手本がないなかで、ゼロから考え、ゼロから取り組み、ゼロから前進してきました。それが、ほかの会社や病院にはない、私たちの病院独自の手法になったと感じています。実際に、人事考課で鍛え上げられた当院の役職者の能力は、手前みそかもしれませんが、非常に高いと評価しています。

大切なのは職員と病院の「思いの差」を埋めること

人事考課制度を導入し進めていくにあたって、私の病院では常に「職員の納得」を意識してきました。実際には、納得いかないことが原因で辞めていった職員も多数います。制度を進める側の自己満足ではなく、結局それが職員のためになることを訴えるために力を入れたのは適切な評価を処遇に結び付けることでした。

導入当初は職員の教育と指導に特化した取り組みであったため、なかには評価されるだけで実質的なメリットは何もないのではないかという素朴な疑問を持つ職員も出始めました。やがて、そうした疑問はいくら高評価されても、それが処遇につながらないのはおかしいという不満として顕在化します。そこで、制度自体をブラッシュアップするとともに病院の意向を反映させる形で賞与や昇給など、分かりやすい形で職員の満足感につながるような仕組みに改めました。要するに、病院の思いを職員にきちんと伝え、両者の思いの差を埋めることに注力したのです。

実は私の病院は導入して20年近くになる人事考課制度と並行して、本来的な人事制度も運用しています。これは職員の納得感にも関わってくることですが、人事制度上、主任は部下の指導、育成を行うという職務上の資格を明確にしています。ですから、職員は人事考課制度の中でも主任に指導や評価をされるのです。

人事制度が並走していることで、人事考課制度に対する職員の理解が徐々に深まっていった面はあると思います。私の病院の人事考課制度のいちばんの根っこは主任が正しく指導や評価をできるかという点にあります。結局のところ、人事考課制度がうまくいくかいかないかは、職員にとって納得できる評価がなされるかどうかにかかっていると思います。

第4章

人事考課制度と併せて教育制度も改善する

さらなる人材定着率向上と増員への新たな道筋

より良い制度のための定期的な話し合い

私の病院では、各部署が頻繁に会議を開いています。いわゆる「会議のための会議」ではなく、どの会議も必要性に基づいて実施されています。例えば、新卒看護師向けのミーティングや人事考課に基づく面談など、目的に応じて真剣な議論が交わされています。会議室が常に満室なことからも、その熱意が感じられます。

病院で人事考課制度を導入した頃は、2カ月に1回のペースで幹部職員が集まり、来年度の方針や制度の見直しについて話し合いを行っていました。しかし、制度が成熟してくると会議の回数は自然と減少してきました。初めのうちは進捗確認のために几帳面に会議を開いていましたが、現在は必要に応じて柔軟に集まる形式へと変わっています。会議の内容によっては、次回の定例会を待たずにすぐに議論を行う必要が生じる場合もあります。例えば、最近話し合ったテーマは「飛び級」でした。

私の病院では、職能資格等級制度を基に、一定の号俸に達した職員が次の等級へ昇級する仕組みを採用しています。しかし、この制度を杓子《しゃくし》定規に運用すると、職員の能力や貢献度に見合わない昇級となるケースが出てきます。特に、途中入職者など、経験やスキルのある人材に対しては、通常の昇級基準では不適切な場合（入職時における保有能力の見誤り）があります。そこで、例外的に標準滞留年数を経過する前に上位の等級へ移行する「飛び級」を認める制度を２０２４年度から導入しました。この決定も、幹部職員と私で話し合いを重ねた結果です。基本的には上位等級ほど賃金も高くなるので、飛び級となった職員は意欲的に頑張ります。

さらに、最近では部下への業務の委譲も進めています。私は人事考課に関する制度変更や課題解決など、重要なテーマについても主任クラスや課長クラスに任せるようにしています。テーマによっては短期間で解決するものもあれば、1年近くかかるものもあります。しかし、こうして現場に責任を委ねられるようになったことは、組織の成長を示しており、職員の成長も同時に反映されています。

重要なテーマが発生した場合、幹部職員がどのくらいの期間で解決できるかを見極めながら、彼らに対して具体的な指示を出すことが私の役割です。例えば、「飛び級」の問題が出た際には、関連する幹部と協議して最適な制度変更や新たな提案を求めます。そして、その結果をプロジェクトの分科会でまとめて私が最終的に承認するか差し戻すかを判断します。このようなスピーディーな対応が、病院全体の改善に貢献しているのです。

改善すべきテーマは、日常業務を注意深く観察していれば多く見つかります。そのなかで私のもとに上がってくる案件は年間4～5件程度です。人事考課制度の導入初期は、制度自体がまだ整っていなかったため、年によって内容の30％が変更されることもありましたが、改善が進むにつれて変更の頻度は減りました。しかし、制度が成熟するにつれて細部の見直しが求められるようになり、内容はより細かくなってきています。

このような細かな変更が増えてくると、すべてを一人で管理することは困難です。私は幹部職員に業務を委譲し、彼らからの中間報告を受けて判断を下す体制を整えました。結果、制度のブラッシュアップがスムーズに進むようになりましたが、より良い制度を追求すればするほど改善の課題が尽きないという悩みもあります。

このように、病院では定期的な会議を通じて制度の改善を続けています。制度の硬直化を防ぎながら職員一人ひとりの成長を促すための取り組みが今後も重要です。これからも柔軟で効果的な会議を通じて、病院全体の成長と発展を目指していきたいと考えています。

芽生え始めた新卒職員育成の機運

2017年まで、私の病院では新卒看護師の採用は積極的に行われていませんでした。看護師の多くは経験者の中途採用で、主に育児中の看護師が優先されていました。それは新卒者を教育する風土もシステムもなかったからです。

しかし、2017年に札幌市内の看護大学から、私の病院での実習を希望する依頼がありました。これまで新卒の看護師を採用したことも看護学生の実習を受け入れたこともありませんでしたが、将来の人材確保につながるかもしれないとの思いでこの依頼を受けてみることにしました。そして、2021年には、看護部長の退任に伴って、新しい看護部長を内部から登用しました。彼女は前職で教育専任の管理者を務めていたため、看護教育全般に豊富な知識を持っており、私の病院の看護教育の現状に「ずいぶん苦労している」と感じたそうです。特に、新卒看護師の育成経験が少ない病院の対応に不安を覚えたようです。ちょうどその頃、看護部の役職者たちは実習生の受け入れが将来の新卒採用につながるはずだと考え、実習生が卒業後も病院に戻ってきたくなるような組織体制や病院のイメージづくりが必要だと議論をしていました。

実際に2018年から2020年にかけて、新卒看護師が毎年1人ずつ入職しました。しかし、彼女たちは私たちの病院で実習を行った学生ではなく、多くは社会人経験を経て看護師になった新人でした。年齢も20代半ばから30歳前後で、偶然似た境遇の人が集まった結果でした。新人をすぐに現場に放り込むことはできないため、一定の教育が必要です。しかし、毎年たった一人のために大掛かりな教育プログラムを用意するのは非効率です。そのため、配属先でOJTを行うという考えも浮上し、現場任せの教育が続いていました。

この時期に入職した看護師たちは社会人経験があったため、はじめからある程度の自立が期待できましたが、本格的に新卒者を採用する場合は、20歳そこそこの看護師を迎えることになるので現状の教育体制では不十分だという意識が高まりました。その頃、看護部内にリクルートチームが設置され、新卒看護師採用に向けた戦略が立てられ、現在の看護部長が中心となって新卒採用活動が進められました。その結果、2021年には6人の新卒看護師が採用されました。4人は4月に入職し、2人は他院を経て半年後に入職しました。この年のために準備された新人看護師向けの教育プログラムが、初めて本格的に活用されました。以降、毎年3~4人の新卒看護師が採用されるようになり、年々新人看護師教育プログラムもブラッシュアップされ、時代に応じた内容が反映されるようになりました。そして、教育全般は「看護部教育委員会」の役職者に委ねられ、看護部長はその指導から退いています。ちなみに現在は他部門の新卒者教育も行う「院内教育委員会」へと昇格し活動を継続しています。

新人看護師の教育と並行して指導者の育成も重視されました。指導者育成は人事考課者を育成する「考課者訓練」のように、看護部長をはじめとする指導者たちが何度も思い悩んでいたようです。かつての「背中を見て学べ」という方法が通用しないことは理解されていたものの、実際にどう指導すればよいか、模索が続きました。

新人看護師教育が軌道に乗るまでの数年間、看護部長は指導者育成を最優先課題として取り組んでいました。その結果、彼女たちに指導力が身につき、看護部長は一歩退くことができるようになりました。指導者たちは新人看護師に寄り添い、彼女たちの立場に立った対応をする力を着実に育ててきました。今後、看護部では毎年定期的に新卒看護師を数人採用する計画があります。若い世代の看護師が入ってくることで、指導者たちが培ってきた教育の風土が活き、日常業務においても大きな効果を発揮しています。看護部長は「看護師としてのキャリアをこの病院でスタートすることを、病院全体でサポートしたい」と語り、新卒看護師たちの成長を楽しみにしています。それほど、新人教育の基盤が整いつつあるのです。

実は、新卒看護師の採用は、看護大学からの実習生受け入れの話が来る以前から、病院の大きな人事構想の中で検討されていました。しかし、教育体制の整備が進まなかったために踏み切ることができなかったのです。ほかの技術職や事務職では、すでに新卒採用が行われていたため、看護部だけが遅れていたのです。実習生の受け入れをきっかけに、看護部長の教育に関する豊富な経験が活かされ、新卒採用は大きく前進しました。
看護部長によれば、看護師の世界では他院の成功事例を積極的に取り入れるのが一般的であり、新人教育プログラムも各病院で類似しています。何か新しい教育方法があれば、それを適用するのです。

私の病院では、型にはまらない柔軟な教育が大切にされています。他院の成功事例を参考にしながらも、自分たちの病院でどのように活用し、どのような変化を期待するのかという点を忘れずに取り組んでいます。

定着率向上に寄与している教育制度

私の病院が新人教育の一環として取り入れ、成果を挙げている事例を2つ挙げます。

1つ目は3カ月ごとに行う「振り返り研修」です。ほかの病院でも採用している研修で、対象となる新卒者と直接指導にあたる先輩看護師のペアと教育委員会の関係者が集まって自由に話をするものです。新卒者につく先輩看護師は、気兼ねなくなんでも話せるお姉さん的な存在で、チューターと呼ばれます。

この集まりでは、業務を通じて最近感じたことや体験したこと、困ったことなどを忌《き》憚《たん》なく話し合います。研修には新卒者の同期も顔をそろえるので、同じ立場の仲間が今どんなことをしてどんなことに悩んでいるのかといったことをつぶさに知ることができます。また話の様子から同期が看護師として自分よりも進んでいるのか、遅れているのか、同じくらいなのかをつかむ機会にもなります。

同期が自分と同じようなことで困っていたり、似たような悩みを抱えていたりすれば、それを共有して複数の先輩看護師からアドバイスを受けることができます。その過程で励まされたり、背中を押してもらったりすることもあります。ベテランの看護師であっても時に悩んだり、行き詰まったりすることがあるのですから、経験の浅い新卒者の心はいとも簡単に折れてしまいます。そういうときに新卒者の心を支えるメンタルヘルスの機会としても振り返り研修は有用です。

事例の2つ目は入職後1年経ったときに行う「まとめ研修」です。私の病院では入職後9カ月をメドに新卒者に担当患者を受け持たせます。新卒者は、担当患者に対する看護過程のレポートを書きます。看護目標に基づいて計画を立て、実施内容を記録するのです。一般のビジネスにおけるPDCAサイクルの看護版です。

まとめ研修では、新人看護師が1年間の経験を通じて得た看護観や自意識、必要なマインドを発表します。ほかの病院でも同様のことが行われていると思いますが、私の病院では研修に付加価値を持たせるため、指導者への感謝企画を設けています。具体的には、新人がそれぞれの先輩看護師に1年間の感謝の手紙を書いて手渡すのです。

新卒者と先輩看護師は年間で20種類以上のさまざまな研修をともにします。そのたびに教育委員が撮影してきた膨大な写真を編集してスライドショーに仕立て、みんなで鑑賞します。入職当時の初々しい様子や少し慣れてきた頃の光景、終盤期の真剣な表情など、当事者にとってはその時々の思い出が詰まった画像が次々に映し出されます。

圧巻なのは、あたかも映画の本編終了後に流れるエンドロールを思わせるような名前の紹介です。まず、その年の新卒者の名前が大写しになり、続いて指導者の名前が流れ最後に教育委員の名前で締めくくられます。思い出の写真で高まった感動は最高潮に達し感極まる看護師が続出するのも恒例です。

こうした形で振り返ることで、新卒者の多くは自分たちがいかに大切にしてもらっているかを実感します。指導者たちにとっても、自分たちが新卒者を育て上げてきたことを実感する場になります。

毎年のつながりが次の年の新卒者を育成する新たなモチベーションとなって、指導者の気持ちの統一感を保っているようにも思います。

看護部が教育において重視しているのは、単なる短期的な学びではなく定着率の向上を目指した長期的な視点です。そのためには、指導者が優しく丁寧に教える姿勢が非常に重要だと考えています。主に新卒看護師にとってはこうしたサポートが病院で長く働き続けるモチベーションにつながります。

新卒看護師のモチベーションを維持するため、私たちは2023年から「ローテーション研修」を導入しました。新卒者はまず入職後2年間、同じ部署で働きますが、3年目からは人事異動の一環として別の部署に異動します。現在、看護部には病棟が2つ、外来、そして透析室の4つの部署があり、新卒者はそのうちのいずれかに半年から1年程度配属され、期限が来れば次の部署に異動するという形で研修を進めていきます。

このローテーション研修の目的は大きく3つあります。

1つ目は、新卒看護師にさまざまな部署を経験させることで、自分のキャリア形成や将来の進路を考える機会を与えることです。私たちの病院は、大学病院や総合病院と比べると診療科や業務内容に限界がありますが、できるだけ多くの経験を積んでスキルアップをしてほしいと考えています。そのため、研修を通じて、どの分野に興味を持ち、どのようなキャリアを目指すかをじっくり考える時間を提供したいのです。

2つ目は、若いうちから患者視点に基づく「継続看護」を学んでもらうことです。各部署にはそれぞれ異なる技術や考え方が存在し、新しい知識やスキルを身につける機会を提供します。また、外来や病棟、透析室といった異なる部署でも、患者に対して一貫した看護を経験することが大切です。例えば、患者が病棟から外来に移動しても、看護の質や対応が変わらないようにするためには、看護師自身が複数の部署を知り、院内全体の看護基準を理解する必要があります。こうした経験は、患者からの安心と信頼を得るうえで重要です。

3つ目は、社会人としての適応力やストレス耐性を養うことです。異動を経験することで、環境の変化に対応する力や困難に直面したときの回復力を身につけてもらいたいと考えています。看護師という職業は、変化に対応できる力が求められるため、早い段階でこれらの能力を育てることが大切です。同じ部署に長くとどまることで、異動への不安や抵抗感が強まることがありますが、異動を繰り返すことで、自然とその不安を乗り越える力がつくはずです。また、ローテーション研修は5年間のスケジュールで進められるため、その間に新卒者が病院を離れる可能性も低くなります。私たちの病院の風土に慣れ、満足できる働き方を提供できれば、定着率も高まります。

ただし、この研修制度を進めるなかで、いくつかの課題も見えてきました。例えば、新しい部署に適応できず、モチベーションが下がってしまうケースがありました。その場合、話し合いを重ね、元の部署に戻るという柔軟な対応を取ることもあります。また、1年という短い期間では、技術や知識を十分に習得できないまま次の部署に移らなければならないことも課題です。教える側としても、まだ発展途上の看護師を次の部署に送り出すことに不安を感じることがあります。こうした点については、今後さらに改善し、より効果的な研修制度を構築していきたいと考えています。

さらに、私たちの病院では人事考課制度が導入されています。しかし、日本看護協会が提唱する「クリニカルラダーシステム」という、看護師の実践能力を段階的に評価・育成するシステムも広く利用されています。この2つの評価基準が同じ病院内で共存することは効率的ではないため、私たちは3年間かけてこれらを連携させる方法を模索してきました。

最終的には無理にリンクさせるのではなく、クリニカルラダーシステムを教育の一環として取り入れる方針に転換しました。評価は私たちの病院独自の人事考課を用い、教育にはクリニカルラダーの概念を活用する形です。この整理により、当面はこの方法で運用し、さらに関連性のある部分があれば、今後の改善に活かしていきたいと考えています。

「新規採用職員の離職率ゼロ」の道筋をつける

新卒看護師採用に向けた取り組みを振り返ると、2018年から毎年4～5人の新卒者を採用し、2023年までに計16人を数えるまでになりました。入職の理由は人それぞれですが、病院の雰囲気（挨拶、患者対応の様子、職場環境）、教育体制、通勤のしやすさなどが上位を占めています。

特筆すべきは2024年まで新規採用職員の離職率が0％であったことです。2015年度から2022年度までの正職員の離職率が10％前後で推移していることを考えると、非常に良い内容であったと思います。

ある年の秋、私たちの病院に他院から転職してきた新卒者がいました。彼はその年の春に別の病院に入職しましたがすぐに辞めて私の病院に来たのです。近年では、医療業界に限らず一般企業でも新卒者が入社した年に退職や転職をすることが珍しくなくなっています。そのため、「新卒者の離職率ゼロ」という実績は他の病院からも注目され、

離職率と職員増員の状況

	正職員数(4/1時点)	退職者数(正職員)	入職者数(正職員)	離職率(%)(正職員)
2015年度	187	27	27	14.44
2016年度	188	24	27	12.77
2017年度	187	20	24	10.70
2018年度	188	20	32	10.64
2019年度	201	26	24	12.94
2020年度	199	18	41	9.05
2021年度	215	24	51	11.16
2022年度	241	32	42	13.28

外部の会合などでその理由をよく尋ねられます。

離職率ゼロにつながる要因はいくつかあります。「円滑なコミュニケーション」「職員間の交流」「個々の目標の調整」「広範な看護経験」「残業の少なさ」「充実した福利厚生」などが考えられますが、看護部長は最も重要な要因として「新人とともに成長する指導者の温かさ」を挙げています。新卒者が安心して長く働ける職場環境の整備も欠かせない要素です。新卒者は、多かれ少なかれ、一度は「辞めたい」と思う時期が訪れるものです。

私の病院では、先輩看護師や管理職が新卒者のちょっとした言動から「辞めたい」というサインを早期に察知します。例えば、表情や受け答えのわずかな変化からその兆候を読み取ることもあります。そしてそれを放置せず、管理職が声をかけて話を聞くと、想像以上に深刻な悩みを抱えていることが分かる場合があります。時には辞職を真剣に考えていることもあるのです。

また、管理職による定期的な面談だけでなく、新卒者の業務をサポートするチューターも大きな役割を果たしています。チューターは、新卒者の細かな悩みを把握し、彼らの負担を軽減するために業務を調整します。例えば、新卒者が時間内に業務を終わらせようとしても、次々と新しい業務が舞い込み、うまく進められないことがあります。そういった場合、チューターが業務の流れを調整し、新卒者に無理がかからないようにします。このようなきめ細かな対応が、看護部全体の日常的な文化として根付いているのです。

職場では、新卒者が特別扱いされることはありませんが、指導者たちは彼らの動きを常に見守り、業務量が過剰だと感じた場合にはすぐにフォローに入ります。こうした環境の中で新卒者たちは、病院や看護部の姿勢を自然と理解するようになり、困難に直面しても立ち直り、もう少し頑張ろうという気持ちになるのです。このような職場文化が、新卒者の離職率ゼロという成果につながっていると考えています。

しかし、2024年3月末にその記録は一旦途切れました。在職2年目と6年目の看護師3人が退職したのです。1人は家庭の事情で、2人はキャリアアップを理由に辞めました。キャリアアップを目指す者は、私の病院では経験できない看護分野に挑戦したいとのことでした。いずれも理由としては致し方なく、他の病院で新たな経験を積むことは意欲の表れでもありますから、適切な退職理由だと感じています。

一般的に看護師は3〜4年働くと一定数が退職する傾向があります。新卒者の採用を続ける一方で辞める人がいれば育つ人もいる。こうした流れを見据えながら人材層を厚くしていくことが看護部の当面の方針です。

一方で、他院とは異なり、現職スタッフがスキルアップを図るためのサポートにも力を入れています。例えば、私の病院では認知症看護の認定看護師が1人います。この資格の取得には半年間の通学が必要ですが、その間当然休職を余儀なくされます。その間の全面的な支援を行い、彼女は現在その分野で活躍しています。また、看護大学の実習生を指導するための臨床指導者講習会を受講させるなど、教育支援にも積極的です。院外研修や学会への参加も奨励しており、看護部では年間約60件の研修に参加させています。

新卒者に対して行っている教育や研修は、外見上は他院と大きく変わることはないかもしれません。しかし、中身や職場の風土、教育担当者の熱意においては、他院とは一線を画しています。他院の事務長クラスと話すと、多くの教育担当者が業務命令として仕方なく指導している印象を受けます。その点、私たちの教育担当者は非常に熱心であり、受け入れ準備や会議を重ね、万全の態勢で臨んでいます。この熱意は他院にはなかなかまねできないものだと思っています。

もっとも、これはここ数年で変わったことで、かつては新卒者の受け入れに懐疑的な職員も少なくありませんでした。教えることを面倒だと感じたり、自分たちでしたほうが早いと考えたりする人が多かったのです。

しかし、新卒者となる前段階の実習生を受け入れ始めた頃から、看護部全体が教育への熱意を持つようになりました。実習生を迎え入れる準備がきっかけとなり、看護部全体の意識が少しずつ変わっていく様子が見られました。また、新卒者を支える温かな雰囲気は、ここ数年で特に顕著に変わってきたと感じています。一生懸命さが空回りしてつまずく新卒者を励まし、支える風土がしっかりと根付いていることが看護部の強みとなっています。

他部署の課長も交えて行う自主目標の評価

私の病院では年に2回、職員の自主目標の評価会議が行われます。この会議には看護部、診療技術部、事務部の各課長以上の役職者が参加して評価を行います。一般的には経営に携わる責任者が最終的な決定を下すことが多いですが、私の病院では個人の判断に頼らず、合議制を採用しています。

例えば、看護師の行動を評価する場面では、事務部の課長が質問や意見を述べることもありますし、逆に事務部の職員が評価される際に看護部の課長が関与することもあります。そして最終的な評価は、所属部署の課長が責任を持って決定するというルールになっています。

私自身は、会議に客観的な立場で参加していますが、ある課長の評価が厳しすぎるのではないかと感じることもあれば、逆に甘すぎるのではと感じることもあります。もちろん、その場で強く発言することはあまりありませんが、明らかに不適切な評価が下された際には、部長が課長に対して修正を促すことがあります。このようなやり取りは、課長にとっても学びの機会となっているようです。

合議制を採用している理由の一つは、部署間の対立やセクト主義が蔓延《まんえん》するのを防ぐためです。各課長は、自部署の職員だけでなく、全職員の行動を把握することが義務付けられています。例えば、事務部の部長が「看護部の職員のことは知らない」といった言い訳が通用しない仕組みになっているのです。

このような評価制度が成り立っているのは、私の病院が地方都市にある比較的小規模な施設であることが関係していると思います。大規模な病院であれば、すべての職員に目を配るのは難しく、合議制での評価は成り立たないかもしれません。

役職者がほかの部署の職員を評価することに対して、特に抵抗感や不都合は感じていません。専門的な知識が求められる場面以外では、ある程度の理解はできるからです。

例えば、学会発表の資料やスライドを評価する際に、専門知識が必須であるわけではありません。時間をかけてしっかりと準備されたものと、急いで仕上げたものとの違いは、誰の目にも明らかです。

ただし、パフォーマンスの評価においては、どうしても自分の部下に甘くなりがちな課長もいます。そんなときは、部長や他部署の役職者が「評価が高すぎるのでは？」と疑問を投げかけることがあります。私もかつてはそうした指摘をしていましたが、最近では合議制が浸透しているため、私が口を挟まなくても会議が円滑に進むようになってきました。

時には、逆に評価が低すぎると感じることもあります。その際はほかの参加者が働きかけて評価を上方修正することもあります。「他部署の職員が150点取っているのに、同じような成果のこの人が130点止まりなのはおかしい」というような指摘が行われるのです。指摘された課長は、見落としていた点に気づき、再度慎重に評価を行います。評価が賞与に直結するため、課長も責任を感じて慎重に判断を下すようになります。

専門性に関していえば、私は看護師の専門的なスキルを評価することはできませんが、仕事に対する姿勢や努力の度合いはある程度判断できます。例えば、5枚のマニュアルを半年かけて作成した職員と、50枚のマニュアルを作成した職員では、努力の量が違うことは明らかです。一方、内容がどんなに立派でも、実際にそのマニュアルが使われていなければ評価は下がります。このような点は、会議で必ず誰かが指摘するようになっています。また、専門性が高い技術的な内容を除けば、見やすいマニュアルと読みにくいマニュアルの違いは、誰にでも判断できることです。写真やイラストが豊富で分かりやすいマニュアルと、文字がぎっしり詰まっただけのマニュアルでは、その出来栄えの違いは一目瞭然です。

議論が盛り上がる事例がある一方で、そうでないケースもあります。例えば、課長が自分の部下のプレゼンテーションを発表しても、誰も質問をせず会議室が静まり返ることもあります。理由は2つあります。1つ目は、内容が専門的でほかの参加者には理解しづらいこと。2つ目は、会議の日程がタイトで、終盤になると参加者が疲れてしまい、口数が少なくなることです。場合によっては担当課長と私の2人だけで話をしていることもあります。賞与の締め切りに追われるため、どうしてもスケジュールに無理が生じるのです。全員が日常業務の合間を縫って会議に参加しているため、自部署以外のことに十分な時間を割けないことがあります。また、参加者の疲労を軽減するための時間調整も、今後の課題だと感じています。

自分たちで考え、改善する姿勢を育てることが大切

現在の看護部長は前職で看護師教育の専任担当を務めるほど、人材教育にたけていて、私の病院の人事考課制度を運用するうえでも力を発揮してくれています。だからというわけではないのですが、看護職には業務改善に関心の高い人が多いように思います。新人看護師の教育を目的として看護部長が中心になって立ち上げた「看護部教育委員会」は現在、病院全体の教育委員会として機能しています。新卒者の受け入れは看護部だけの問題ではないので、全病院的に取り組むほうが得策であるという判断によるものです。考えてみれば、労務の話や挨拶、身だしなみといった基本的な事柄は看護部特有の話ではなく、他部署でも共有できる課題ですから、統合しても差し支えないということです。

部署間の垣根が低いという私たちの病院の職場風土も影響しているのかもしれません。
看護部だけの教育や業務改善にとどめるのではなく、病院全体のこととして取り組むことにしたのは決して私の理事長権限によるものではなく、前の看護部教育委員会側からの提案を承認したものです。トップダウンで動くのではなく、自分たちで考え改善することを実践していますす。そういった姿勢を育てていくことは私たち経営陣の責務であると考えています。自らが主体的に考え、実践していく風土になじみやすい人材がたくさん集まっているからこそ、さまざまな改善がなされていくのです。

まだ私が事務長だった頃、「事務長が教える仕事術」という院内勉強会を開いていました。記念すべき第1回のテーマは「問題改善力について」でした。問題改善の考え方から始まり、実際に進めていくときの手順や注意事項などの講義とそれを踏まえたグループワークの2本立てで、それぞれに1時間ずつくらい充てました。そういう勉強会を12回続けました。今の若い職員にとっては伝説のイベントですが、当時受講した職員を中心に寄せられた声に応じて一度復活したこともあります。

自分たちで考え、改善する姿勢を育むために行った仕掛けの一つに課長クラスが否応なく話をしなければならない会を意図的に設けたことがあります。そうしたことができる背景にはやはり部署間の垣根の低さがあると考えています。部署間にまたがる問題を協議するためには各部署の主任や課長が集まって情報共有したり、問題解決の道筋をつけたりしなければなりません。そうなると、必然的に自分の考えをまとめたり、発言したりする必要に迫られます。大きくとらえると、これも人材教育の一環になっているのです。

私自身、自分の病院にだけとどまっていると、なかなか外の動きは分からないので、意識的にほかの病院の幹部と話す場面を設けるのですが、ある病院の看護部長から、私（当時は事務長）と看護部長が親しく話す様子が珍しいと言われたことがあります。

私の病院では極めて日常的な光景ですから、どこが珍しいのかと問うと、その病院では事務長と看護部長は一切、口をきかないというのです。驚いたことに、そういう病院は意外と多くあります。決して当人同士、仲が悪いわけではなさそうなのに、交流がないのは珍しくありません。

改めて私の病院のことを考えてみると、看護部長に限らず、各部長と目指すべき方向が同じであることが病院全体としての一体感やまとまりをつくっていると思います。そういう素地があるため、管理職も何かにつけて集まり、会議を開くことが私の病院では日常になっているのです。

医師だけでなく事務方も経営に携わる

病院という組織を経営という観点でとらえると、私の病院クラスの規模の医療法人の理事長の大多数が医師です。しかし、その人たちが経営についての特別なトレーニングを受けたり勉強をしたりして理事長に就任しているということはほとんどありません。まれに、医師と経営者の二刀流で、どちらも高い水準でこなしている理事長がいますが、ごくわずかだと思います。一方、私のように医師でない立場で就任している理事長も極めて珍しいはずです。

医師が初代の理事長であるケースのほとんどは、その医師が開業者であることによります。二代目以降で就任する場合は医師としてのキャリアや人望、パフォーマンスの高さ、医業収入における貢献度などを評価された結果であることが多いと思います。つまり、必ずしも経営にたけているから就任しているわけではないともいえるのです。病院でいちばん偉いのは医師だから、病院という組織のトップにも医師が就いて当たり前という考えが暗黙の了解事項として世間一般に浸透していることも否めないと思います。

スポーツの世界では「名選手、必ずしも名監督にあらず」という言葉がありますが、医師として優れていることと、経営者として力を発揮することはまったく別物であるという点において、似ているのではないかとみています。

あくまでも一般論ですが、病院はある意味で華々しいけれども、その裏では借金との闘いを余儀なくされている面があります。理事長が医師である場合、医療の質を向上させるための設備投資に歯止めが利かなくなる場合があります。例えば、最新型の画像診断装置を導入したい、ハイブリッド手術室を造りたい、先端的な医療器具をそろえたいといったようなことです。多くの場合、財務状況を考えずに購入したり、投資したりしますす。おそらく、貸借対照表や損益計算書の数字が思い浮かべられることはありません。

こうした経営感覚がないために、経営が悪化したり、破綻に追い込まれたりするケースは全国的な規模で起きています。この仕事に携わっていると、医師が経営しているよりも、力のある事務方が経営しているほうが銀行から財務的に評価されるケースが多いと感じています。また医師に比べて、事務方は人事をフラットに見ることができる立場にあると思います。人事考課制度のあり方も含め、事務方でなければ考えつかないようなスタンスを大切にしながら経営の質を高めていきたいと考えています。

第5章

スゴイ人事考課制度の運用は
組織を「自走型」へと変える

職員が主役となる
組織づくりは病院経営の
改善にもつながる

職員が納得できる人事考課制度を目指して

多くの病院で人事考課制度が導入されていますが、運用に成功していない例は少なくありません。その原因の一つは、「評価を行うこと自体」が目的化してしまい、職員の納得感を欠いている点です。実際、多くの職員が人事考課制度に対して不満を抱いています。低評価を受けた職員が納得しにくいのは当然です。そこで重要なのは、職員が評価結果に納得できるような、透明性の高い制度の構築です。

・評価の透明性と見える化

職員が納得できる制度をつくるためには、評価基準と評価プロセスを職員自身が確認できるようにすることが大切です。私の病院では、職員一人ひとりの良い点や課題を記録し、その内容を面談時にフィードバックしています。この「見える化」を通じて、評価が一方的ではなく、公正であることを職員に伝える仕組みを整えています。

昇級の際の目安となる判定基準（標準の場合）

	二次評価の課業評価合計点数	二次評価の能力評価合計点数	その他条件
1等級→2等級	15点以上	24点以上	二次評価で規律性にCが1つもない。 ※准看護師・管理栄養士、薬剤師は標準滞留年数は2年なので、「過去3年間」は「2年連続で」と読み替える。
	過去3年間で2回		
2等級→3等級	16点以上	45点以上	問題改善力または、指導力の項目で11点以上。
	過去3年間で2回		
3等級→4等級（一般職）	17点以上	55点以上	能力考課のいずれの項目においても9点以下がないこと。 ※昇級判定会議で昇級が認められること。
3等級→4等級（専門･専任職）	17点以上	55点以上	能力考課のいずれの項目においても9点以下がなく本人が昇級を望む場合。 ※昇級判定会議で昇級を認められたうえで、稟議書決裁。
3等級→4等級（チーフ）	17点以上	55点以上	指導力の項目で11点以上を2回とっており本人が昇級を望む場合。 ※昇級判定会議で昇級を認められたうえで、稟議書決裁。
4等級→5等級（主任）	―	65点以上	企画力で10点以上、指導力は11点以上。 ※稟議書決裁。

※主任は5等級。5等級は主任という運用
※課業評価は、どの等級においても、すべてＢ評価なら15点となる
※能力評価は、1等級は24点、2等級は45点、3等級は50点、4等級は60点が標準の評価となる

例えば遅刻や勤務中の無駄話が評価に影響することは職員も理解しているため、それらが記録に残ることは彼らにとって大きなプレッシャーとなります。しかし、評価にどう反映されるかを具体的に示すことで、評価の公正さが保たれるのです。

・賃金と連動した評価制度

私の病院では、評価結果が賃金や賞与に直接反映されることをオープンにしています。全職種の賃金表を全職員に公開し、各職員が自分の等級に応じた給与を確認できるようにしているのです。これにより、意欲的な職員は次の等級に昇級するために必要なスキルや評価基準を理解し、努力することができます。上司との面談や評価のフィードバックも、この努力を支える重要な要素です。

ただし、この「見える化」には負の側面もあります。賃金表を見ても自分の現在の給料で満足し、それ以上の努力をしない職員も存在するからです。彼らに対しては一概に見放すわけではなく、制度の透明性と納得感をもって接し、各自の選択を尊重する姿勢が重要です。

・昇級の厳密な基準と職員の反応

私の病院の職能資格等級には昇級の際の厳密な基準が設けられています。昇級のためには、過去2～3年間の評価において各項目で一定の点数をクリアする必要があります。この基準も全職員に公開されており、昇級の可否は職員自身もある程度理解しています。昇級判定は、全役職者が参加する会議で慎重に行われ、評価点が足りない職員は昇級できない仕組みです。

しかし、評価基準を満たしているにもかかわらず、昇級を望まない職員もいます。業務が増えることを避けたい、あるいは自主目標を設定したくないという理由で、昇級を辞退する職員もたまにいます。これは各職員の人生観や働き方に対する価値観によるものですが、私としては、昇級が可能な職員にはその機会を提供したいと考えています。

・自主目標の設定と負担

3等級以上の職員は、職員自身が自主目標を設定し、それに基づいて業務を遂行する必要があります。例えば、マニュアルの作成や学会発表など、具体的な計画を立て、それを実行することが求められます。この自主目標は大きな負担となるため、昇級を避けたいと考える職員が出てくるのもある意味無理もないことです。

以前は、上司の推薦さえあれば比較的簡単に昇級できる制度でしたが、賃金制度との連動により、評価点を重視した現在の仕組みに改善されました。これにより、職員の努力が公平に評価され、透明性の高い制度が確立されました。

・考課制度の改善と課題

人事考課制度は運用を通じて常に改善されるべきです。私の病院でも、課長や主任から改善の提案があれば、制度の見直しを行っています。例えば、2等級に昇級するためには「規律性に関する評価でCが一つもないこと」が条件とされていますが、この基準が3等級への昇級には適用されていません。これに関して不満の声が上がっており、近いうちに見直しが行われる予定です。

また、2等級から3等級に昇級するためには「問題改善力または指導力の項目で11点以上」を獲得する必要があるとされています。考課者は職員にこれを強く求め、面談でも重点的に取り上げています。職員の成長を促すため、考課者は「指導力をもっと伸ばしましょう」と励ましたり、「問題改善力を磨きましょう」と助言したりしています。

・人事考課制度の成功要因

人事考課制度がうまく機能するかどうかは、制度の透明性と職員の納得感にかかっています。私自身は職員との面談を直接行うことはありませんが、主任クラスの役職者が制度の目標をよく理解し、職員に適切に伝えていることが大きな要因となっています。面談の場では、具体的なフィードバックを通じて職員の成長を促すことができ、それが人事考課制度の成功につながっていると感じています。

人事考課制度の運用で最も重要なのは、職員が納得できる制度であることです。評価基準の透明性やフィードバックの適切さを通じて、職員が自分の評価に納得し、成長のために何をすべきかを理解できるような制度づくりが求められます。また、考課制度の運用を通じて得られるフィードバックをもとに、制度自体も常に改善していく姿勢が必要です。

自ら考え、行動する「自走型」組織を目指す

事務長時代に人事考課制度の導入と実践を始めて17年あまり、理事長になって2年となる現在、うれしさと寂しさを感じることがあります。事務方の業務に関して何から何まで私が孤軍奮闘してきた時代を経て、近年はさまざまな案件を部下に振るケースが増えてきました。これも人事考課制度の効果の一つです。

事務方が扱う案件は、病院経営に関わる大きな問題はもちろん、本当に些細《ささい》な問題まで多岐に及びます。そのうち、中程度の問題については私のところに結構な件数の相談が持ち込まれていました。

「今、こんな問題が起きていて困っています。どうすればよいでしょうか」という、文字どおりの相談です。それが最近は私のところに上がってくる案件の大部分が「報告」に代わっています。「こういう問題が起きましたが、このような対応をした結果、こう

なりました」という報告と念押しがスタンダードになってきたのです。

かつては最初に持ち込まれた大きな問題も、現在は担当者や関係者が集まって会議をして、かなり詰めた状態のときに「今、ここまで来ていますが、よろしいですね」という相談とも報告ともつかない話を聞くことになります。この変化は取りも直さず、職員の問題意識がかなり高くなった成果であり、解決能力が相当ついてきていることを如実に示すものです。私がいなくても、ある程度の問題は解決できるような組織になっているのです。これは最近の私にとってうれしさであり、寂しさでもあります。

こういった自主性が見られる潮目は新型コロナウイルス感染症の扱いが2類から5類になった頃でした。新型コロナウイルスが蔓延していた頃は連日会議を開いて病院として取るべき対応、進むべき方向などについて協議を重ねていました。何しろ、院長以下誰も経験したことのない事態であるため、一人で決められないことが山積していたからです。

会議の主宰者はテーマによって院長だったり私だったりしました。感染症を担当する医師や看護師などを集めてその日の状況を確認するとともに、国や自治体の指示や指導を病院としてどう受け入れ、どう対処するかということを来る日も来る日も話し合っていました。

感染症法上の扱いが2類から5類になり、さまざまな活動制限が解除されると、感染対応のために止めていた、感染症対応以外の多くの懸案事項を一気に解決しなければならなくなりました。やがて、もう誰もが私のことを頼らず、職員同士が声をかけ合って自主的に動いて会議を開き話し合うという流れがごく自然にできてきました。つまり「自走型」の組織化が進んだのです。そのような傾向はコロナ明けから際立ってきたと思います。

私の病院が、私を含めた上層部が何もかも決めて、あれこれ指示を出し、部下がそれに唯々諾々と従っていく組織であれば、決して自走型にはならないはずです。「わが事」として感じることができないからです。問答無用のトップダウン方式は絶対に納得しない職員を生み出します。ところが、課長、主任クラスが自発的にやろうという風土が根付いている組織はそうではありません。多くの場合、彼らは一人で何もかも背負わず、他部署の職員に声をかけて合同で問題解決に当たろうとします。

その際には必ず中堅やベテランの役職者を巻き込みます。そうすると、部署の中心となる職員がその下の職員を引っ張っていくようになるため、彼ら自身の仕事として課題解決に取り組むのです。わが事として携わるため、私が命令するよりも、よほど実のある成果につなげることができるはずです。組織を自走型にするためには職員自身の意識が大きく関わっていますが、やはり、わが事として取り組むことが大切です。

おそらく役職者たちは非常に忙しい思いをしていると思います。本来であれば、私が考え、トップダウンで下したほうがよい案件でも、部長、課長クラスの役職者に投げるからです。「こういう問題の解決策を、いつ頃までに練って、答えを出してほしい」といったことを彼らは投げかけられます。なかには「ああ、またか」と思う職員もいるはずですが、私が事務長時代から続けている方法です。「導くべき答えはある程度役職者の判断に任せる」という委ね方をしているため、それぞれがわが事として取り組んでくれます。おおむね１カ月から３カ月後には書面による報告が戻ってきます。

若い頃に読んだ本の中に書いてあった言葉で今でも覚えているのは「仕事のご褒美は

仕事」というフレーズです。一つの仕事をちゃんとこなした人には、さらに大きな次の仕事をさせるという意味合いだと記憶しています。それは私自身のセルフコントロール法として今も心がけています。

実際、私の病院でも良い仕事をした職員にはより難しい仕事を任せるようにしています。それで彼らが成果を上げ、最終的に出世につながることを先輩たちから聞いているので、一見、無理難題のように思えても意外に喜々として受け入れてくれます。最近は私ばかりでなく、部長クラスも同じように課長に任せているので、彼らはより忙しいと思いますが、振られた課長は一人で抱えないで主任に任せればよいのです。

主任はさらに一般職員のベテランに振ることもできます。そのように、どんどん仕事を下ろしていけば、誰か一人が抱え込んで立ち往生することはありません。仮に自走型の達成率を測ることができるとすれば、現在は80〜90％の水準に達しているのではないかと感覚的にみています。

昨今のさまざまな変革は医療の世界にも否応なく及んでいます。そのスピードについていけないと取り残されてしまうため、私の病院の職員も必死で情報を集めたり、知見を共有したりしています。その過程で、コストや手間がかからない案件についてはある程度進んでから私のところに報告が上がります。これも自走型の一例です。

80〜90%とみている意味合いを補足すると、彼らのポテンシャルであれば、もう少し高いレベルまで取り組めるのではないかという期待感の表れでもあります。私が経営に関与しなくなり、残された人たちだけで病院を回していけるようになれば自ずと100%に達すると思います。

一方で、現実的にまだ私が関与しなければならない部分は残されています。例えば資金調達に関わることなどは各部署の専門職の人には分からない部分です。2024年10月に稼働した訪問看護ステーションの建設資金は自己資金で賄えたのですが、一部を銀行から調達しました。それに伴う収支計画や返済計画などは私と事務部長が担当していますす。もちろん、経験させれば部下にもできることですが、現実にはそのように動いています。いつか、私が引退し、誰かがそれを引き継いでくれるなら黙っていても自走型100%になっているはずです。

目指すのは「経営と運営の質向上」

人事考課制度の目的は、職員一人ひとりの能力向上を図ることで運営の質を向上させることにあると考えています。辞書の意味は別として、私は「経営」と「運営」を次のように区別して使用しています。

「経営」とは、病院として利益を上げているかどうかを測る指標と考えています。どんなに患者に喜ばれ、クレームのない病院でも、赤字を出しているようでは意味がありません。経営の基本は、売上を最大化し、費用を最小限に抑えることです。しかしそれだけでは現状維持にしかなりません。重要なのは、未来への投資です。地域に必要とされ、発展し続ける病院となるためには、どれだけの利益を投資に回すか、どこで我慢するかというバランスが求められます。こうした複数の観点から物事を考え、行動することが経営の要点だと考えています。

一方、「運営」とは、金銭的な要素に直接関わらない業務の質を向上させることと考えています。例えば患者が安心して治療を受け、回復して自宅に戻るまでを支える医療サービスを提供することが運営の一部だと考えています。こうした体制を整えるためには、会議や打ち合わせが欠かせません。会議を主宰する責任者は、患者が見えないところで「この方法なら効率的ではないか」「事故を防ぐためにこうしたほうがよいのではないか」といった議論を行い、運営の質を高めていくのです。

経営と運営に携わる人々は必ずしも同じではありません。運営を担うのは医師や看護師などの医療従事者ですが、経営を担うのは課長以上の役職者や部長級、そして私のような立場の人間です。看護部長は運営側のトップでありながら、経営にも関わっているという複雑な立場にあります。経営と運営の両方に配慮しながら行動することが必要です。

運営に携わる人々が経営の状況をしっかりと把握し、理解することが非常に重要なのです。もしこの点が曖昧であれば、経営は立ち行かなくなります。例えば、勢いで高額な医療機器を購入する病院がありますが、それがのちに経営に大きな負担となることを理解していないケースを多く見かけます。しかし、医療機器の多くは非常に高額で、購入資金の多くは借金に頼っているのが現状です。そのうえ、耐用年数を考慮せずに長期のローンやリースを組む病院も少なくありません。

私が事務長だった頃、院長兼理事長は医師であり、新しい医療機器に興味を示すこともありました。理事長自身の希望だけでなく、ほかの医師からの要望を受けることもありましたが最終的に機器を購入するかどうかの判断は私に委ねられていました。もし購入が難しい状況であれば、はっきりと断ることが必要です。説明を丁寧に行い、理解を求めるようにしてきました。

こうした是々非々の姿勢を持たなければ、運営と経営を一体化させることは難しいと考えています。幸い、私の病院では前理事長が私に経済的な決定権を委ねていたため、ほかの病院で見られるような経営上の問題を回避することができました。

私は事務方出身の理事長であるため、経営面で特に強みを発揮できたと感じています。院長兼理事長の多くは経営の本質を深く考えることなく、権限を持って高額な医療機器を次々に購入してしまう傾向があります。確かに、最新の医療機器は患者の増加に寄与するかもしれませんが、購入費用を回収できずに赤字に陥る病院も少なくありません。

一方、私の病院では、医療機器よりも運営の質向上のための投資に力を注いでいます。その背景には人手不足があります。新卒者の採用が難しいだけでなく退職者の補充も困難です。病院は本来の業務に加え国からの要請にも対応しなければなりません。そのためには、便利なツールやシステムを活用することが必要です。例えば電子カルテの導入は、業務効率を大幅に向上させました。紙のカルテに比べて入力が簡単で迅速かつ正確であり、データを画面上で一括管理できることが最大の利点です。

また、診察時間の短縮という副次的な効果も得られました。私の病院ではこのような効率化のための投資を積極的に進めています。２０２３年には外来担当の看護師やクラーク、放射線技師、臨床検査技師、健診担当職員などが通話できるインカムを導入しました。これにより、患者案内の効率が格段に向上しています。以前はＰＨＳを使用していましたが、インカムはリアルタイムで連絡が取れるため、業務効率が大幅に改善されました。現在は外来のみでの導入ですが、将来的には病棟にも展開する予定です。広範囲にわたる病棟では、さらに多くの場面で効果を発揮することが期待されます。

このように、私の病院では運営と経営の両面で質の向上を目指し、バランスのとれた投資と効率化を図りながら、持続可能な発展を目指しています。

人事考課制度で育む組織の風土づくり

人事考課は何を目的として取り組むかによって導かれる結末が変わります。少なくとも、私たちの人事考課では、丹念な面接をして職員が何を考えているかを聞き出すことに重点をおきました。そのうえで、役職者は病院として求めていることをきちんと伝えるように努めました。このやり方で評価をしようとしたのです。まず、職員の考えを聞くことから始めたので当初は処遇には結び付ける発想はありません。それが私の病院における人事考課制度の原点です。

私の病院では役職者と職員がいろいろな場面で話をする風土が根付いています。ですから、形式的には面接という段取りで進めますが、役職者と職員が面と向かうことにはさほど抵抗感がなかったように思います。その点、私が聞き及んでいるほかの多くの病院の人事考課制度は最初から評価を目的としています。ほとんどの役職者が一人ひとりの職員に対して、Ａだ、Ｂだと評価することを主眼にしていると思います。

評価される職員にとっては「あなたはＡ、彼女はＢ」と言われても、なぜそうなるのかを知らされることはありません。評価が給与や賞与と連動していないケースも多いはずです。評価される側にとっては一連の仕組みや流れがよく分からないため、制度に対して消化不良気味の職員も多いはずです。実際にほかの病院から来た人たちの中で、前職時代に自分の給料が決まる仕組みや賞与の増減のシステムをまったく知らされていなかったという職員は少なくありません。

その点、私たちは評価基準を公開して、職員ができるだけ納得できるようにしているため、本人が納得するかどうかは別にして、制度そのものは分かりやすいという声をよく聞きます。もともと私の病院では、職員の指導や教育、育成を目的として人事考課を取り入れたという点が、結果的にほかの病院との違いとして表れているのだと思います。

役職者と職員が積極的に話し合う風土があるためか、目標に向かって進むべきベクトルが示されると、それを「わが事」として成し遂げようとする職員が多いのも私の病院の特色の一つであると思います。私自身の立場を絡めていえば、2023年4月に理事長に就任するまで、私は事務長として前理事長（院長）を支える役割に専念していました。医療従事者が働く現場には直接的に関わることがない代わり、それ以外の経営面については実質的なナンバーツーの立場で動いていました。そういったなかで、理事長を差し置いてあれこれ仕切るわけにはいきません。私が発言することで角が立ちそうなことは理事長の口を借りることもありましたが、自分が実質的にトップになってからは病院として進むべき道筋をきちんと示し、その実現のためにすべきことも直接伝えることができるようになっています。

私の病院では2023年度から、訪問診療や訪問看護の推進を病院の方針として院内外に打ち出しています。2023年の暮れからは「みなし訪問看護」として、その時点ではまだ訪問看護ステーションは設けていないけれども、病院の看護師が患者宅に出向いて実質的な訪問看護を始めました。すると、まさに「訪問看護の充実」を自主目標として掲げる看護師が現れます。つまり、病院の進める施策を自らの目標とすることで頑張りたいという姿勢を見せてくれるのです。うまくいけば評価につながるし、実際、最近の会議で評価された看護師も何人かいます。

このように、病院が取り組んでいる、あるいは取り組もうとしていることと、自分の目標をうまくベクトル合わせして進んでいけるのは私たちの人事考課制度のやりやすさになっていると思っています。言葉を換えれば、私の病院の病院目標はわが事にしやすいといえるのです。人事考課制度は一見すると複雑に感じるようですが、実際にはそれほど難しいものではないとも思います。要は直接的に携わる事務方の心意気に負う部分が少なからずあると考えています。

一般的に、病院という組織における事務方の権限は極めて弱いものです。簡単にいえば事務長と医師が対面するとき頭数は１対１ですが、権限を含む力関係では何倍もの差になります。おそらく多くのほかの病院では、ベテランの事務長よりも若い医師のほうが優位であると思います。10人も20人もいる医師に対して、事務長は１人ですから、はじめから勝負がついているようなものです。

その点、私の病院では前理事長の計らいで私にかなりの権限を委ねてくれたので、事務長といえども臆せず、ひるまず、医師と渡り合うことができました。もちろん、意味もなく医師と争うつもりはありませんが、病院全体の経営の視点で、言うべきことは言い、主張すべきことは主張するというスタンスを貫いてきました。ほかの病院に比べるとレアケースですが、これくらいの気持ちで臨まないと、人事考課制度の本当の効果は導けないのではないかと思っています。

全国の多くの院長兼務型の理事長がそういう視点で人事考課に興味を持ち、運用に本腰を入れて取り組むことができれば、事務職のモチベーションは確実に上がるはずです。

機能すれば人事だけでなく、経営改善にもつながる

もし、私の病院が人事考課制度を導入していなかったら今頃、どんな病院になっていたかと想像すると、間違いなく指示待ち人間の集まりになっていたと思います。自走型とは無縁の集団です。何事かを主体的に行うのではなく、上からの指示がないと動かない組織になっていたはずです。

さらに想像を膨らませれば、指示されなければ動けない集まりであるにもかかわらず、指示をされても面倒くさがったりやりたがらなかったり、やりたくないと平気で文句を言うような情けない病院になっていたと思います。

導入当初は推進する側も不慣れであったため試行錯誤の繰り返しでしたが、それでもなんとか約20年にわたってブラッシュアップを重ねながら、今日の体制を築き上げてきました。近年の職員は入職時に人事考課制度の説明を受けていますし、制度が定着し、機能している状態を見ているので違和感を持つことはありません。「こんなはずではなかった」「こんなに面倒な仕組みだとは思わなかった」というような異を唱える職員は一人もいません。私の病院の文化として、人事考課制度はしっかりと根付いていると思います。制度として確立してから入職した職員にとっては当たり前の仕組みになっています。職員として目指すべきもの、上司から求められるものなどは面接の場で適宜指導されます。

最初は面倒だと感じていた面接も、慣れてくると苦にならなくなります。面接で評価されればうれしいはずです。多分に指導する立場の役職者にもよりますが「今回のあれはすごく良かったね」と褒められれば悪い気はしません。「うまくできていない人を見つけたらアドバイスしてあげて」などと背中を押されたら、なんとか貢献しようという気分になると思います。人は評価されることで素直に喜び、さらに評価されるように努めます。同じことができない同僚のために声がけをして部署の仕事の質を高めようとする働きかけをする職員も出てきます。行動の一つひとつの積み重ねが指示を待つのではなく、自分でものを考えて業務改善したり、新たなチャレンジをしたりする職員を育むのではないかとも思います。

私の病院では、こうした地道な取り組みの成果がさまざまな場面で経営の質を高め、職員のモチベーションを上げることになりました。では、うまくいかない病院は何に阻まれているかというと、おそらく、人事考課制度を推し進めていく人の考え方や性格に左右されていると思います。ほかの病院の話を聞く限り、院長兼務型の理事長で積極的に取り組んでいるところは非常に少ないように思います。本人ができない分は事務方に振られるのですが、多くの場合、宮仕えの事務長が多いため、全身全霊を傾けて人事考課制度を導入し、経営力を高めようとする人は極めてまれです。

定年まで大過なく過ごしたいというのも一つの人生観ですが、こういうことに取り組むためにはある程度若いほうが良い結果につながるとみています。私自身、人事考課制度の導入を検討し実際に準備を始めたのは38歳の頃でした。今でこそ、出席を求められた人事考課関連の会議で意見を言ったり、取りまとめたりしますが、そのお膳立てはすべて部下がしてくれています。極端なことをいえば、私はその流れに乗っていればよいのです。

しかし、ほんの10年くらい前まではすべて自分で準備していました。現在のようなＩＴシステムを活用していない紙の時代でしたから、結構骨の折れる作業や面倒な準備を黙々とこなしていたものです。そういう経験を踏まえると、病院の経営を向上させようと本気で考えるなら、強い意識を持った若手の実力者に任せると良い結果が生まれると思います。

しかも当時の役職者の多くが自分よりも年上の人たちでした。それが推進の妨げになったとは思いませんが、やはり若い職員は頭が柔らかいしやる気もあります。制度を進めていくうえでの対応力に秀でています。

ただし、それは今振り返っていえることで、この種の制度はやり始めるのは簡単だけれども継続することは本当に大変だと思います。継続していくことの難しさはマンパワーの問題です。経験上、一人で何もかもやりきるのは無理なので、良い意味で誰かを巻き込むべきです。自分と同じようなポジションの職員を2人ほど選んでサポートしてもらうだけで進み具合は変わります。

そして、人事考課制度の精度をさらに上げていくための今後の課題として考えているのは評価と面接の質をもっと上げていくことです。人事考課にはいくつもの決め事があるのですが、それを知らず知らずのうちに逸脱する役職者がいるのです。

例えば、ある職員が立てた自主目標を期首の会議に、基準点130点、最大評価点150点と定めたとします。この場合、期末に150点を超える評価点をつけることは原則できません。ところが、一次、あるいは二次評価の段階で160点とか170点などと採点する役職者が現れたりするのです。

もちろん、私たちの想定をはるかに超える出来の良い事例がごくまれに話題になります。その際には会議の中で十分に話し合ったうえ、私が許可すれば160点をつけることができます。しかし、それ以外に役職者の独断は認められません。それを許すと人事考課制度そのものの信憑《しんぴょう》性が薄れてしまうからです。

私の病院のような小規模の施設は役職者と職員の数にアンバランスが生じる恐れがあります。私は部下5人に対して主任1人が望ましいと考えています。

例えば、病棟には対象者が25人くらいいるため、5人の主任が欲しいところですが、2人くらいでやりくりしているのが実情です。増員したいのですが、主任が忙しそうに見えるのか、なかなか引き受けてもらえないケースもあります。そこの正常化も今後の課題の一つです。

自分が事務職であるからこそ強く感じるのですが、病院という組織は医療職が強い現場です。しかし、経営や運営を客観的に眺めていくには事務方のしっかりとした視点が不可欠です。実際、私の知るほかの病院では事務方の力が強いところほど経営がうまくいっています。その意味で、事務方が医療職と対等に話せるのが理想的な姿だと思います。

少なくとも、私の病院ではそれを実践しています。実際、医事課の係長クラスと医師がほぼ対等に話をしている光景は私の病院の日常です。事務方だからといって臆することは何もありません。

私は人事考課を軌道に乗せることでそれなりの発言権を得てきましたし、さまざまな成果を出してもきました。そのおかげで職業人としての充実した人生を歩んでいるという実感があります。

ですから、事務方の職員には「どうせ事務方だから」とかがみこんでしまうのではなく、自分たちが経営の要であるという気概と誇りを持ってもらいたいと願っています。

おわりに

人事考課制度を導入した19年前のことです。ある看護師から「事務長、私たちの給料を下げるつもりなんでしょう？」と言われたことを、今でもよく覚えています。本来、この制度は職員の指導・育成を目的としてスタートしましたが、職員たちは当初、給与削減を懸念するなど、制度に対して疑念を抱いていたのです。

このエピソードは、経営陣の自己満足で制度を導入しないという信念を、さらに強く再確認させる出来事でした。私は当時から、導入したことに対して強い責任感を持ち、途中で投げ出すことなくやり抜く覚悟を持っていました。そのためか、この制度は今日まで少しずつ発展し、ついには本書の出版にまで至りました。この成長を振り返ると、感慨深いものがあります。

現在の日本社会は、医療業界に限らず不確実性が増し、将来の展望が見えにくくなっています。多くの人がバラ色の未来を期待していないかもしれません。しかし、それでも私たちは社会活動や経済活動を行い、生活を営まなければなりません。社会や環境の変化に振り回され、不満をこぼしながら生きるのではなく、自分自身や社会、国の行く末を見据えながら、理想とする姿に向かって歩むことが大切だと信じています。この姿勢こそが、自分自身の幸せにつながると考えているのです。

病院の役割はいうまでもなく、病気を治すことです。しかし、それだけで地域や患者から信頼され、職員の生活を支える場となるわけではありません。病院には、明確な理念と目標、そしてそれを実現するための人事・評価制度や教育制度が必要です。これらの体制が適切に整備され、運用されることで、職員の納得と満足が得られ、最終的には患者の健康に資することになるのです。そうでなければ、病院の存続すら危ぶまれます。

特に医師を中心とした病院では、院長などの医師が考える「医療の質の向上」が重視されます。医療を提供する場において、技術の研鑽《けんさん》や専門的な修練が求められるのは当然です。しかし、医療提供者は医師だけではなく、多くの職員がその一翼を担っています。実際、人数の面でも、医療現場では医師よりも職員のほうが圧倒的に多いのが現実です。職員の成長や意欲、患者への思いやりが具体的な形として表れなければ、期待される医療は提供されません。

もし誰かが指示を出すだけで、全員が一丸となって行動できるならば、それは理想的です。しかし、現実はそう簡単ではありません。病院の上層部が方向性を明示し、多くの職員がその方針に向かって努力することで、未来が大きく変わると信じています。職員全員が同じ目標に向かって力強く進むことが、病院の発展に不可欠なのです。

本書では、社会医療法人ピエタ会 石狩病院が取り組んできた独自の人事考課制度について紹介してきました。この制度が、職員が一つの方向に向かって進むための効果的な手法であると確信しています。同様の課題を抱えている医療法人の皆様にとって、参考になれば幸いです。

最後に、この人事考課制度の企画、運用、そして定着に多大な尽力をしてくれた役職者や職員にも、改めて感謝の意を表したいと思います。特に、制度の創成期から現在に至るまで私を支え、強いリーダーシップを発揮して職員を牽引《けんいん》してくれた室谷 司診療技術部長と、新卒職員の教育制度を一から構築し、定着させてくれた松木優紀子看護部長には、心より深い感謝の意を表します。今後ともよろしくお願い申し上げます。

盛 牧生（もり まきお）

1965年生まれ。小学生のときに父親がクリニックを開業する。1985年小樽商科大学に入学するが、アルバイトに精を出しすぎ1989年に中退。学習塾へ就職し人気講師となる。30歳のとき、父が理事長を務めていた医療法人社団ピエタ会石狩病院（現 社会医療法人ピエタ会石狩病院）の法人事務長に相談し、医療事務を学ぶため苫小牧の病院に4年間勤める。1999年石狩病院に入職、2003年に事務長となる。職員からの提案をきっかけに、独自の評価軸を持つ人事考課制度を制定、2023年に理事長に就任後の現在もブラッシュアップし続けている。2017年認定登録 医業経営コンサルタントを取得。

本書についての
ご意見・ご感想はコチラ

「人が辞めない」病院をつくる
スゴイ人事考課制度

2025年2月28日　第1刷発行

著　者　　盛 牧生
発行人　　久保田貴幸

発行元　　株式会社 幻冬舎メディアコンサルティング
〒151-0051　東京都渋谷区千駄ヶ谷4-9-7
電話　03-5411-6440（編集）

発売元　　株式会社 幻冬舎
〒151-0051　東京都渋谷区千駄ヶ谷4-9-7
電話　03-5411-6222（営業）

印刷・製本　中央精版印刷株式会社
装　丁　　立石 愛

検印廃止

ISBN 978-4-344-94891-4 C0034
幻冬舎メディアコンサルティングＨＰ
https://www.gentosha-mc.com/